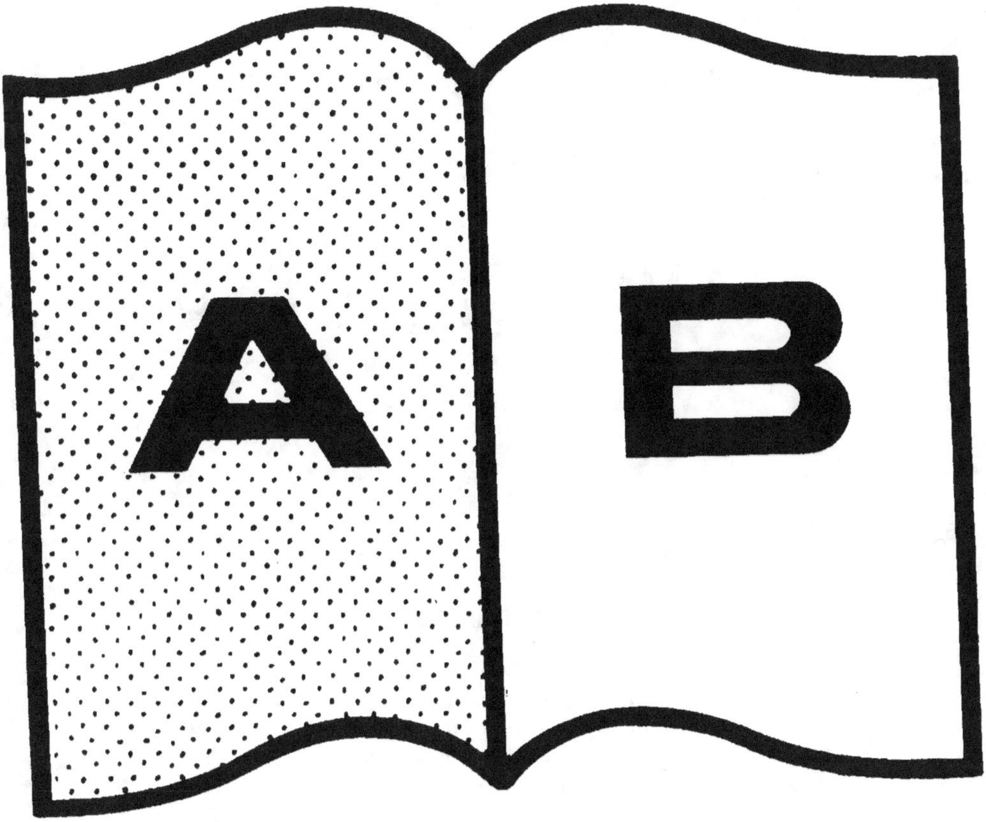

Contraste insuffisant

NF Z 43-120-14

ÉCOLE CENTRALE D'ARCHITECTURE

L'AMPHITHÉATRE

EN 1865-66

LEÇONS D'OUVERTURE

Stabilité des constructions
Stéréotomie — Chimie générale — Physique générale
Géologie — Histoire naturelle — Hygiène
Histoire des civilisations

PARIS

A. MOREL, ÉDITEUR, RUE BONAPARTE, 13

ET AU SIÉGE DE L'ÉCOLE, RUE D'ENFER, 59

IMPRIMERIE L. TOINON ET Cᵉ, A SAINT-GERMAIN.

ÉCOLE CENTRALE D'ARCHITECTURE

L'AMPHITHÉATRE

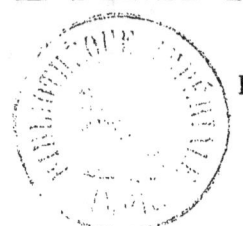

EN 1865-66

LEÇONS D'OUVERTURE

Stabilité des constructions
Stéréotomie — Chimie — Physique générale
Géologie—Histoire naturelle—Hygiène
Histoire des civilisations

PARIS

A. MOREL, ÉDITEUR, RUE BONAPARTE, 13

ET AU SIÉGE DE L'ÉCOLE, RUE D'ENFER, 5q

1866

L'enseignement fondé par la société de l'É-
cole Centrale d'architecture ne peut être défini-
tivement apprécié que sur des résultats produits.
Mais, si ces résultats, d'autant plus lents à ob-
tenir qu'ils sont plus élevés, doivent être confiés
au temps[1]*, ils sont le fruit d'un milieu d'idées et*
d'une organisation, qui ne demandent que la lu-
mière pour être jugés. Pénétré de cette pensée,
le Conseil de l'École met tous ses soins à dévoiler
ses moyens d'enseignement. En répandre la con-

1. Les études de l'École durent trois années.

naissance; *les montrer sous leur vrai jour, pour fixer d'avance l'esprit de ceux qui aspirent à les utiliser; en offrir même le partage libéral au dehors, pour servir encore mieux l'art, dont l'École a entrepris d'être l'interprète actif vis-à-vis de la jeunesse; telles sont ses vives préoccupations. Il prépare des documents dessinés et des livres pour l'instruction des candidats; il a déjà confié à un éditeur* le soin de reproduire la collection des modèles qu'il a fait composer et qu'il alimente pour le service de ses ateliers. Cette divulgation sera poursuivie sans lacunes et sous toutes les formes.*

En publiant, sous le nom d'Amphithéâtre, le recueil des leçons d'ouverture que Messieurs les professeurs de première année ont bien voulu écrire sur son invitation, le Conseil désire porter à la connaissance des personnes intéressées à l'instruction des Architectes un premier document

---

1. Morel, éditeur, 13, rue Bonaparte.

spécial, destiné à être complété par des publications semblables, à la fin de la 2ᵉ et à la fin de la 3ᵉ année d'études de la première promotion de l'École.

Ce qui doit ressortir de ce volume, c'est le sens défini, suivant lequel ces études de second plan produites à l'Amphithéâtre, se développent devant les élèves et pénètrent leurs esprits. Il y a, ou il n'y a pas lieu d'ouvrir spécialement à l'artiste un cadre scientifique, où il puise d'abord des connaissances qui le libèrent vis-à-vis des difficultés physiques de sa tâche, où il rencontre, surtout, une largeur de vues et une amplitude d'appréciation, qui fassent naître en lui le vrai sens critique, et qui lui donnent l'audace de se poser franchement en face des questions du temps? Cette constitution relève l'artiste ou elle le déprime? Les esprits se sont partagés sur ces sujets. L'École y a nettement posé sa doctrine.

Il faut que l'artiste soit artiste; il faut que, gardant en soi le sens de son rôle, il en ait la passion exclusive, qu'il ait pour but incessamment poursuivi dans ses œuvres, l'interprétation la plus juste, la plus relevée, la mieux sentie et la plus sensible qui se puisse imaginer.

Mais, pour le tenter, il faut être fort. Est-on fort, si l'on n'a ni idées positives, ni idées générales? S'y instruire n'est-il pas une impérieuse nécessité?

Nos chaires répondent à cette nécessité et les leçons qui suivent sont destinées à montrer comment l'artiste peut emprunter aux sciences des connaissances utiles et saines, sans laisser jamais se perdre le point de vue, qui lui appartient exclusivement; comment, plongeant un regard intéressé dans les découvertes que les savants ont accumulées dans notre siècle, il peut interroger à sa manière leurs travaux pour en tirer l'acquis utile aux siens; comment, à l'exemple du musicien qui exerce son oreille à l'accord juste des sons, il écoutera parler l'histoire et la philosophie dans leurs rapports avec son art, pour *habituer son esprit à l'accord juste des idées et des choses.*

Dans ces conditions, la science prend une allure et une couleur spéciales, qui ne laisseront de doute à personne sur les effets de son commerce.

Mais il y a, dans toute tâche humaine, une mesure de moyens, qui en constitue l'ordonnance féconde. Bien que les huit leçons, qui composent ce volume, tiennent à peine la tête de la moitié des cours professés à l'Éécole centrale d'architecture [1]*, l'enseignement porterait à faux s'il n'était relativement très-limité de ce côté. Tenues par des maîtres convaincus, dont la science et le talent ne sauraient être amoindris par une difficulté vaincue, les chaires, circonscrites par le but même qu'elles visent, restent ici la partie effacée des études. Vis-à-vis de l'atelier, où se concentre toute l'activité productive du jeune artiste* [2]*, elles tiennent le rôle*

1. Voir le document 1, à la fin du volume.
2. Voir les documents 1 et 2, à la fin du volume.

et gardent la place sacrifiée des fondements d'un édifice, qui ne prennent d'autre part à l'œuvre visible que d'en permettre l'existence et la durée, et qui, inaccessibles à l'œil intéressé, ne sauraient troubler l'esprit du spectateur.

Le Membre du Conseil de l'École centrale d'architecture,
Directeur de l'École par délégation :

ÉMILE TRÉLAT.

Paris, le 25 octobre.

CHAIRE

DE STABILITÉ DES CONSTRUCTIONS

PROFESSEUR : M. DE DION [1]

LEÇON D'OUVERTURE

Messieurs,

Le cours que je dois professer ici a pour titre : *Stabilité des constructions*. Derrière ce nom, il faut voir la suite des connaissances qui permettent d'édifier solidement, c'est-à-dire de faire des constructions dont toutes les parties remplissent les conditions de stabilité et de résistance, qui doivent en assurer la durée. Ce simple énoncé me dispense de rechercher avec vous la part d'utilité qu'un tel enseignement peut avoir pour des architectes. Je suis

1. En l'absence de M. de Dion, cette leçon a été rédigée par un de ses auditeurs.

1

sûr que vous êtes dès maintenant convaincus
que, s'il existe quelque part un ensemble de
connaissances, qui fixent les conditions absolues suivant lesquelles les œuvres construites
sont assurées de stabilité et de solidité, ces
connaissances vous devez les posséder, vous ne
pouvez être dispensés de les posséder, et vous
voudrez les acquérir.

Et bien, Messieurs, grâce aux immenses travaux scientifiques de notre temps, cet ensemble
de connaissances existe et, quoiqu'il ne constitue pas à proprement dire une science séparée, c'est une branche importante de cette
mécanique, à laquelle notre âge est redevable
de tant de progrès. Je vous exposerai les principes de la mécanique dans nos premières
leçons ; mais il est nécessaire que nous consa-
crions la séance d'aujourd'hui à fixer la place et
l'étendue de la stabilité des constructions dans
le cadre général de la mécanique. On n'étudie
avec fruit que ce dont on conçoit bien d'avance
l'importance et la portée, et je tiens d'autant
plus à asseoir tout d'abord vos idées sur ce
point que votre art, il faut le constater, est au-

jourd'hui destitué des fécondes ressources de la mécanique et qu'à son grand détriment il néglige les nouvelles et indispensables facilités qu'apporteraient à ses compositions la possession et le maniement des belles lois du mouvement et de l'équilibre.

La mécanique est la science qui a pour objet les lois du mouvement des corps. Tous les corps se meuvent dans l'univers. La vie, la chaleur, l'attraction universelle ou diverses causes, que nous distinguons sans les concevoir, créent ou entretiennent le mouvement dans les corps. Le mouvement dû à la vie est flagrant chez les animaux. Dans les vapeurs, qui se produisent à la surface des mers, qui s'élèvent pour former les nuages de l'atmosphère et qui retombent en pluies pour engendrer nos cours d'eau, vous reconnaissez des déplacements de corps gazeux ou liquides, causés par la chaleur solaire ou par la pesanteur. La terre et les autres planètes, entraînées dans les espaces célestes, vous montrent les grands mouvements entretenus par l'attraction universelle. — L'étude de tous ces mouvements, et, pour parler plus dogmatiquement, l'étude du mouvement : c'est la *mécanique*.

Vous apprendrez qu'au milieu de cette condition si générale du mouvement, les corps peuvent se trouver dans un cas particulier qui s'appelle *équilibre*. C'est le cas où plusieurs causes de mouvement agissent sur un même corps de telle façon qu'elles se neutralisent les unes les autres dans leurs effets. Le corps alors n'obéit à aucune d'elles; il persiste dans son état; il est en équilibre. Telle est la condition désirable des bonnes constructions, qui doivent conserver leurs formes prévues, malgré les causes de mouvement qui agissent incessamment du dehors pour les détruire. Vous voyez déjà apparaître ici la branche de la mécanique, qui réserve son utilité au constructeur.

La mécanique pure, la mécanique *rationnelle* comme on l'appelle, est déduite d'un très-petit nombre de notions premières et de principes ou lois simples, qui ne seraient rigoureusement applicables qu'à des corps pourvus de propriétés absolues, telles, par exemple, que l'entière homogénéité de constitution. Mais les corps ne possèdent jamais ces propriétés intégrales. Nous ne connaissons pas de corps parfaitement homogènes. Les uns sont cristallisés avec des plans de clivage, qui les séparent en parties plus ou moins volumineuses, plus ou moins régulières, plus ou moins adhérentes; les autres sont, comme les bois, le produit d'une organisation comportant des fibres plus ou moins denses et séparées par des tissus variables dans leurs propriétés. Il doit donc être bien entendu que, dans ces cas, qui comprennent toutes les applications de la matière, les propositions établies par la science pure restent subordonnées à la constitution des matériaux, et qu'elles ne se vérifient qu'avec plus ou moins d'approximation dans le monde réel.

La mécanique rationnelle est la base nécessaire de la *mécanique céleste ou astronomie*, de la *physique mathématique*, de la *théorie dynamique des machines*, de l'*hydraulique* et de la *stabilité des constructions*. Les deux premières sciences exigent l'emploi des mathématiques les plus élevées. On comprend les autres sous la dénomination collective de *mécanique appli-*

quée; mais seule la dernière branche devra nous occuper. C'est par elle que nous connaîtrons la *résistance des matériaux,* les *calculs des murs de soutènement, des voûtes, des planchers, des combles,* et, en général, des différentes parties résistantes des édifices.

Lorsque les hommes ont voulu élever des édifices de quelque importance, ils se sont trouvés en face d'un problème fort compliqué, qu'ils n'ont pu résoudre que par des tentatives multipliées souvent suivies d'échecs. Les résultats constatés de ces tentatives diverses ont constitué l'expérience des constructeurs. Ce fut celle-ci qui apprit aux Égyptiens l'épaisseur qu'il fallait donner aux plates-bandes de pierre pour que les vides séparant les colonnes de leurs temples fussent recouverts par des matériaux suffisamment solides. La proportion ainsi trouvée entre l'épaisseur de la pierre et sa *portée* fut pour eux une véritable formule de mécanique appliquée. Les Grecs, qu'on peut considérer comme n'ayant apporté aucune donnée nouvelle dans le problème de la stabi-

lité des constructions, si l'on ne tient pas
compte des charpentes de leurs combles, les
Grecs parvinrent à réduire la place occupée par
la matière dans leurs beaux monuments. Entre
leurs mains l'œuvre architecturale prend plus
de légèreté. Si elle perd une part de la majesté
que donnait au temple d'Égypte l'assiette impo-
sante des lourds matériaux, elle gagne en hardiesse de proportions l'apparence saisissante
des dimensions sagement mesurées à la double
demande de la sécurité de l'édifice et de la facilité de l'ouvrage. Je n'oserais pas affirmer,
Messieurs, que ce résultat de la pure logique et
du bon sens n'est pas pour quelque chose dans
la conquête incontestée des suffrages de tous les
âges par l'architecture grecque. Mais ce n'est
pas à votre professeur de mécanique qu'il appartient d'engager à ce sujet une question
d'art et je me contente de constater que ce fut
encore l'expérience, suite de longs essais re-
nouvelés sur les formes à peu près invariables
des mêmes édifices, qui fixa ces proportions si
remarquables et si remarquées de ce qu'on appelle les *ordres* grecs.

Les Romains ont introduit dans l'art de construire un procédé qui permet de couvrir de grands espaces avec de petits matériaux unis par des mortiers : c'est la *voûte*. Ils ont assez vite observé que les murs, sur lesquels reposaient les voûtes, non-seulement supportaient une pression verticale, mais éprouvaient aussi une poussée horizontale, qui tendait à les renverser. Au milieu des chantiers si répandus, que Rome établit partout pour couvrir le monde de ses monuments, les faits d'observation abondèrent sous les yeux des architectes, et ceux-ci purent composer des formules empiriques résumant les résultats de l'expérience et constituant des procédés pratiques pour déterminer les dimensions à donner, dans les différents cas, aux *piédroits* et aux *voûtes*. Vitruve, qui nous a conservé les moyens de construction des Romains, ne nous a pourtant transmis aucune de ces formules. Mais nous pouvons affirmer que celles-ci étaient loin d'exprimer toutes les conditions de stabilité et de résistance relatives aux formes de leurs édifices. Cela ressort de l'examen de leurs constructions : elles offrent quelquefois des hardiesses heureuses et plus souvent des excès de dimensions qui, sans assurer plus d'avenir aux ouvrages, en ont considérablement augmenté la dépense. Si on a dénié, avec quelque justice, le véritable sens artistique aux Romains, reconnaissons, pourtant, qu'ils méritent le titre de constructeurs qui leur est généralement accordé. Mais aussi constatons leur méthode : les essais, les tâtonnements, les édifices remaniés ou écroulés, tels sont les procédés efficaces mais coûteux, qu'ils ont magistralement employés pour poursuivre le but atteint dans l'immense déploiement de leur art. On apprécie ordinairement très-mal cela, parce que l'oubli se fait vite sur un édifice écroulé et parce qu'on ne connaît l'histoire des constructions romaines que par les quelques auteurs qui nous restent et que ceux-ci, dans leur œuvre purement littéraire, historique ou philosophique (à part l'incomplet Vitruve) ne nous ont jamais parlé qu'incidemment des désastres relatifs aux monuments. Mais notez ceci : que l'habileté du constructeur romain gît tout entière dans les innombrables tâtonnements de ses innombrables chantiers.

En suivant le cours des temps, nous arri-
vons à une époque où les moyens puissants
dus à des gouvernements, qui mettaient en
action des foules d'esclaves et des armées d'ouvriers, n'existent plus. Ils sont remplacés par
les moyens plus faibles et plus individuels des
peuples du moyen âge. Avec des ressources
restreintes, ces populations entreprirent de
construire les vastes édifices religieux dont il
reste encore de nombreux spécimens. Attachés
pendant de longs siècles à la détermination des
meilleures formes de l'œuvre, qui fixait la foi
de la société entière, ils parvinrent peu à peu
par le vieux procédé des hardiesses successives,
heureuses ou malheureuses, au sentiment juste
des proportions de stabilité. Leurs voûtes se
posaient avec sécurité sur de légers piliers,
qu'ils équilibraient en reportant les poussées
sur des contre-forts extérieurs. Ils surent employer avec une égale économie et un égal
succès la pierre et le bois. Les méthodes qu'ils
avaient adoptées pour déterminer les résistances
et les dimensions des différentes parties de

leurs édifices et qui se sont longtemps transmises dans les corporations, se sont peu à peu oubliées, lorsque l'architecture du moyen âge se perdit dans le grand courant de renaissance antique, où se trouva lancée toute la société de la fin du xve et du commencement du xvie siècle.

Il faut, Messieurs, arriver à l'âge moderne et rencontrer les grands progrès des sciences pour constater l'application des principes rationnels de la mécanique à la résistance des matériaux et à la stabilité des constructions. Par là, on a pu établir la théorie des constructions durables, c'est-à-dire poser des règles déduites de l'expérience directe, règles qui permettent la solution positive de chaque question et qui facilitent singulièrement l'œuvre de l'architecte.

Un des premiers problèmes que les mathématiciens essayèrent de résoudre, fut celui de la résistance d'une *pièce* soumise à un effort qui tend à la fléchir. Ce problème est le plus important parmi ceux qui concernent la résistance des matériaux. Galilée, Mariotte, Hook, Bernouilli, Leibnitz élucidèrent la question par de longues discussions. Coulomb la résolut complétement dans le célèbre mémoire, qu'il présenta en 1773 à l'Académie. Depuis cette époque, Navier, Coriolis, M. Poncelet et M. Belanger ont donné la solution d'un grand nombre de problèmes relatifs à la flexion.

Pendant que les mathématiciens s'occupaient ae la question théorique, d'autres savants déterminaient par des expériences directes les compressions et les extensions, que les divers matériaux peuvent supporter avant de se rompre et les charges qui produisent la rupture. Musschenbrock, Buffon, et, plus tard, à la suite de la discussion qui s'était élevée au sujet de la construction du Panthéon de Paris, Gauthier, Peyronnet et Rondelet firent de nombreuses expériences sur le fer, le bois, et surtout sur les pierres. Rondelet, qui fut chargé de la direction de ces dernières expériences, en donne les résultats dans son Traité de l'Art de bâtir, ouvrage dans lequel il a rapproché ces résultats d'un grand nombre d'observations faites sur des édifices existants. Par cette double série d'observations, il s'est efforcé d'établir des règles pratiques, dont quelques-unes, et notamment celles qui concernent la résistance des poteaux et la stabilité des murs, sont encore en usage aujourd'hui.

La généralisation de l'emploi du fer et de la fonte a plus particulièrement fixé l'attention des ingénieurs et des mécaniciens contemporains sur l'intéressante étude des propriétés résistantes de ces matériaux. Ceux-ci ne s'offrent, en effet, au constructeur qu'à des prix relativement élevés, et on ne peut songer à en tirer parti dans les applications courantes qu'en les utilisant avec une grande économie. Mais d'un autre côté, ils ont une grande homogénéité de texture, une résistance considérable et la propriété de recevoir économiquement les formes les mieux ménagées pour assurer l'égale participation de toutes les parties de la matière au travail de solidité qu'on lui demande. Cette double condition était trop engageante pour ne pas attirer les savants vers l'étude des solutions, qui devaient constituer la théorie de l'emploi rationnel de ces matériaux. Aussi, un champ de large expérience et de travaux scien-

tifiques importants s'ouvrit-il à ce sujet, surtout
en France et en Angleterre. Beaucoup d'ingénieurs et de savants y apportèrent leur tribut.
Il faut citer à leur tête le savant anglais
Hodgkinson, dont les recherches ont ouvert la
conquête si remarquable de la manutention
certaine du fer et de la fonte, mise depuis une
vingtaine d'années à la disposition du constructeur.

Les voûtes et les murs de soutènement ont
toujours été et restent des ouvrages, dont les
proportions sont très-délicates à fixer, si l'on y
veut ménager, en même temps, une solidité
certaine et une économie convenable. Le constructeur de ce temps-ci ne pouvait plus se con-
tenter des formules empiriques analogues à
celles de Rondelet. Il lui fallait pouvoir trouver
en toute circonstance les moyens de se rendre
spécialement compte de la somme de sécurité
qu'il ménageait à ses ouvrages en les projetant.
Coulomb lui a offert dans son mémoire de 1773
les premières véritables solutions de ces deux
questions. On trouve dans ce travail les théories mécaniques, qui rendent rationnellement

compte des phénomènes généraux de la stabilité des murs de soutènement et des voûtes, et
qui servent de guide dans les cas particuliers.
Cette étude et d'autres plus récentes ont rem-
placé, par l'usage d'une méthode qui met la
lumière dans l'esprit du constructeur, le procédé d'imitation et cette espèce de sens naturel
de la stabilité, auxquels faisaient appel les
anciens architectes.

Je viens, Messieurs, d'esquisser aussi brième-
ment que je l'ai pu devant vous, l'historique de
la constitution de la science spéciale qui doit
alimenter ce cours. Vous pouvez voir déjà
qu'elle a ses étapes marquées dans le passé, et
qu'après avoir franchi les onéreuses périodes
des incertitudes et des tâtonnements elle a
atteint à notre époque le droit de nommer sa
théorie. Cette théorie, si laborieusement acquise,
devra devenir entre vos mains un moyen de
simplification d'étude dans vos compositions,
un guide sûr pour vous conduire au milieu des
complications des problèmes que vous pourrez
avoir à résoudre; mais elle ne devra jamais vous

faire oublier de tenir compte des conditions spéciales que chaque cas particulier peut présenter, et que la pratique seule apprend à déterminer. Ces conditions spéciales fixeront dans vos esprits le degré d'exactitude des théories que vous utiliserez, de même que la théorie vous apprendra à raisonner et à comprendre les habitudes consacrées par la pratique. Car, souvenez-vous-en, il n'y a pas plus de théorie fructueuse sans pratique, que de pratique intelligente sans théorie.

Je voudrais maintenant vous montrer comment cette science de la stabilité des constructions doit vous aider, quel dégagement elle doit apporter à votre esprit, de quelle liberté elle doit doter votre imagination dans la poursuite de vos conceptions artistiques. Pour cela, je n'ai qu'à résumer devant vous le problème de la stabilité dans sa plus grande généralité.

Quand on considère avec attention la structure d'un édifice quelconque, on reconnaît immédiatement que toutes les parties de l'œuvre sont composées de corps solides et pesants superposés ou attachés les uns aux autres.

Puis, si l'on étudie de plus près, on constate assez facilement encore que l'action de la pesanteur sur tout cet assemblage, quoique assez compliquée au premier abord, se résout dans des efforts qui tendent à *comprimer*, à *étirer* ou à *fléchir* les matériaux. Ainsi les piliers et les murs sont comprimés par les charges qu'ils portent; ainsi les tirants des fermes de combles sont soumis à des efforts d'extension; ainsi les poutres et les solives des planchers fléchissent; ainsi les piédroits des voûtes reçoivent des poussées obliques. Et, si l'édifice se soutient et dure, c'est que les dispositions y ont été prévues de telle façon que ces causes permanentes de destruction sont incessamment neutralisées dans leurs effets. On peut donc se représenter un édifice stable comme un assemblage raisonné de matériaux tellement agencés, que les forces qui tendent continûment à le rompre ou à le déformer, sont arrêtées dans leurs effets par des corps solides, dont la texture, l'élasticité et la cohésion assurent sans cesse la résistance. D'un côté l'action, dont les effets doivent toujours rester insensibles; de l'autre la réaction,

qui doit toujours être certaine dans ses résultats. Voilà, Messieurs, le vrai problème de la
stabilité posé. Voilà la question que nous
apprendrons à résoudre pour tous les cas qui
se présenteront dans les applications de l'architecte. Comprenez-vous maintenant l'immense
intérêt que vous avez à suivre cette étude? Vous
rendez-vous compte des conditions différentes
que fait à l'artiste, d'une part, cette sécurité
parfaite, que la mécanique lui fournit pour
la stabilité future de ses ouvrages, par la mesure positive des efforts de destruction et des
ressources de résistance des matériaux; d'autre part, l'inquiète hésitation, à laquelle condamnent l'usage de formules empiriques
dont on ne saurait expliquer le sens, ou bien
ces rapprochements approximatifs, que l'on
peut faire entre l'édifice projeté et d'autres
édifices à peu près analogues et qui ont subi
l'action du temps? Ne voyez-vous pas cette
seconde condition laissant peser sur l'artiste
l'éventualité de la ruine de son œuvre, et,
en tout cas, gênant ses conceptions, limitant
le champ de ses idées réalisables, attiédissant

son imagination par les craintes toujours
changeantes et renouvelées, qu'enfantent si
facilement l'incertitude et l'ignorance du résultat définitif? Ne voyez-vous pas la première
condition, au contraire, ouvrir à l'artiste la
plus grande des libertés? Le voilà désireux
d'éditer telle forme que son crayon docile a
produite pour éclairer lumineusement le sens
de sa composition; il dispose ses plans, ses coupes, ses élévations; il étend ses vaisseaux,
répartit la matière aux places disponibles,
réserve ses vides et distribue ses saillies et ses
masses. Avec quelle ampleur sa composition
va se développer! Avec quelle hardiesse il va
suivre son idée! Il sait, l'expérience et l'habitude du procédé scientifique aidant, quelle part
d'incertitude comporte cette esquisse première,
et il sait mieux que cela, il sait qu'il a en main
la mesure positive, certaine de la possibilité
d'exécution de ce qu'il a conçu. Quelques tracés
d'épures, quelques équations d'équilibre réso-
lues, vont l'édifier en quelques instants et lui
montrer qu'il doit persister ou qu'il doit modifier, et dans quelle mesure il doit modifier, s'il

a fait fausse route. Si la science doit quelque part venir prendre une place modeste, mais conquise au foyer de l'artiste, n'est-ce point ici? Je n'imagine pas que vous en doutiez. J'aimerais pourtant, Messieurs, à vous convaincre pleinement et il ne me semble pas que je puisse mieux faire pour cela que de placer sous vos yeux quelques exemples saisissants des désordres déplorables que certains monuments ont subis, parce que leur construction n'avait pas été contrôlée par une saine appréciation des conditions de stabilité, auxquelles leur forme et leur importance les astreignaient.

Je vais vous parler d'abord de Saint-Pierre de Rome. — Vous trouverez à la bibliothèque de l'École les dessins de cet édifice et ceux des autres monuments dont je vous entretiendrai aujourd'hui. — Bramante, qui conçut le plan de Saint-Pierre, en commença l'exécution en 1506. Il apporta dans la construction une si grande précipitation et si peu de justesse dans ses prévisions, qu'on vit se produire des lézardes considérables dans les quatre arcs, qui devaient

porter le dôme, alors qu'ils venaient à peine
d'être achevés. Ce résultat, qui paraîtrait exor-
bitant aujourd'hui, l'était en effet. Quand on
songe que la construction d'un édifice, qui doit
porter à sa partie centrale l'énorme poids d'un
dôme aussi important que celui de Saint-Pierre,
a pu présenter cette curieuse incidence : que les
supports mêmes de ce dôme, exécutés sur des
plans prévus d'avance, n'étaient pas capables de
se soutenir sous leur propre poids, on reste
confondu devant la somme de hasards que
comportait la science du constructeur au temps
de Bramante, et devant l'audacieuse témérité
dont un architecte devait alors faire preuve, en
s'engageant dans la réalisation de ses plans
d'artiste. Si l'on recherche les causes de ces
désordres anticipés, on trouve que chacun des
quatre piliers avait été fondé séparément sur
une base insuffisamment développée pour la
charge qu'elle devait porter dans un terrain
humide et peu résistant. Après la mort de Bramante, en 1509, on comprit, toutefois, la faute
commise. Les architectes cherchèrent à étendre
la surface d'appui des piliers sur le sol. Ils ne

purent pas faire un massif général sous toute la base du dôme, mais ils élargirent, par des empattements, les massifs de fondation des piliers. Ils augmentèrent ainsi considérablement la solidité de l'œuvre; mais ces remèdes encore insuffisants n'ont pas empêché de nouveaux tassements, dus à l'affaissement du sol et aussi à ce que Bramante avait négligé de contrebuter les piliers par la construction simultanée des voûtes environnantes. Ses successeurs, inquiets et embarrassés de ces nouveaux désordres, crurent qu'il était d'autant plus indispensable d'*accroître la section* des piliers, que ceux-ci étaient construits sans aucune précaution en maçonnerie de *blocages*, qui tassaient inégalement. C'est alors que le plan de l'édifice reçut cette modification qui en a tant diminué les dégagements.

Les parties hautes de Saint-Pierre ne furent pas plus exemptes d'accidents et, bien que nous rencontrions ici la main du grand Michel-Ange, je ne puis laisser passer une critique, qui a aussi son enseignement. Michel-Ange, vieux déjà lorsqu'il fit Saint-Pierre, ou Michel-Ange dépourvu de ces connaissances utiles que nous comprenons sous le titre de *Stabilité des constructions*, a commis là des fautes qu'il faut relever. Il n'était pas possible de choisir une plus mauvaise manière de bâtir que celle dont on s'est servi pour édifier le tambour du dôme. Là où il eût fallu ménager une grande homogénéité de matière pour résister à la pression régulière de la coupole sur toute la surface de son assiette, on établit une maçonnerie enchevêtrée de briques, de blocages et de pierres de taille. Tous ces matériaux sont pourvus de compressibilités différentes ; si bien que la brique et le blocage, qui forment la partie intérieure du tambour et portent la plus grande charge, composaient la maçonnerie la plus facile à comprimer ; tandis que les pierres de taille, qui forment les revêtements extérieurs et les contre-forts et qui sont les moins éprouvés, offraient la plus grande fixité. La rupture de la masse était inévitable, et il s'est fait des déchirements, qui ont détaché les contre-forts et séparé la maçonnerie latéralement à ces contre-forts. Tous ces effets ont exigé du temps pour se manifester,

parce qu'ils ne sont devenus évidents que lorsque la pierre de taille a cédé ; et celle-ci, d'une
part, n'a commencé à travailler qu'après l'affai-
sement des maçonneries plus compressibles,
et, d'autre part, a résisté longtemps avant de
se déformer à cause de sa grande raideur. Tout
le dôme ne s'en est pas moins lézardé à la longue et il a fallu trouver encore ici un nouveau
moyen de garantir la solidité de l'édifice. Depuis
1743, on a successivement bridé le tambour par
six énormes cercles en fer, qui ont limité les
lézardes.

Ainsi, Messieurs, vous voyez quelles traverses
inquiétantes et désastreuses a subies la construction de Saint-Pierre de Rome. Vous mesurez
toute la portée de ces insuffisances de prévision.
Je ne veux pas m'appesantir sur leur appréciation. Mais voyez donc quelle facilité et quelle
promptitude relatives à la place de ces incertitudes pénibles et laborieuses de l'exécution ; quelle
netteté conservée de la première conception au
lieu de ce compromis douteux de l'œuvre qu'on
admire trop généralement ; quelle sécurité pendant et après la construction on eût obtenues,

si Bramante, mesurant d'avance le poids de
l'ouvrage qu'il entreprenait, avait su proportionner sa base à ce poids ; si, supputant la
nature, l'importance et la répartition des efforts
qui devaient tendre à détruire son monument,
il avait opposé à ces efforts des maçonneries
propres à résister convenablement partout ; si
Michel-Ange et tous les successeurs de Bramante, armés des mêmes ressources, avaient
appliqué les saines lois de la stabilité ! Je ne
sais, Messieurs, mais il me semble que l'art
lui-même n'eût rien perdu à voir librement
s'épandre l'œuvre religieuse d'une époque caractérisée dans l'histoire, à la place d'un édifice
dont les lignes incertaines et les formes atté-
nuées ne retracent que la fabuleuse hésitation
qui a présidé à son exécution.

Mais suivons aussi l'histoire de la construction d'un édifice important de la France. Lorsque en 1755 Soufflot fut chargé d'ériger à Paris
l'église Sainte-Geneviève, alternativement désignée sous ce nom et sous celui de Panthéon,
il connaissait les accidents produits à Saint-

Pierre de Rome par la négligence qu'on avait apportée dans les travaux de fondations. Il porta toute son attention sur les précautions qui pouvaient assurer la solidité de son édifice. De nombreuses excavations et des puits criblaient le sol ; son premier soin fut de les remplir jusqu'au niveau des fondations avec une maçonnerie solide de moellons et de libages. Après cette opération, toute la superficie du fond fut nivelée et battue ; puis on posa quatre assises de libages à bain de mortier. C'est sur ce massif général qu'on traça le plan de l'édifice. Le dôme devait porter sur quatre supports massifs accompagnés de colonnes. Une maçonnerie de gros libages continua la fondation sous les murs, et sous les massifs et au-dessous de chaque colonne on monta des piliers reliés entre eux par des arcs renversés, qui répartissaient le poids du dôme sur une grande surface. Tous ces travaux furent exécutés avec le plus grand soin. Le massif général reliant les quatre principaux supports du dôme fut, d'ailleurs, composé d'assises retraitées les unes sur les autres de manière à étendre le plus possible l'empattement de la fondation.

Les vides entre les murs des nefs, furent en
partie remplis par des maçonneries de moellons,
en partie occupés par des caveaux voûtés.
Quand on eut atteint la hauteur du sol des
nefs, on maçonna les reins des voûtes et l'on
forma un arasement général, sur lequel on
traça de nouveau le plan de l'édifice. Tout cela
était parfait, et Soufflot se proposait de continuer la construction avec les mêmes soins. Il
voulait ménager entre les pierres des joints
réguliers et uniformes, mais le dressement
des lits et des joints élevait le prix de la taille
des pierres à trois fois ce qu'il coûtait dans les
bâtiments ordinaires. Des plaintes et des critiques s'élevèrent et Soufflot se vit contraint de
donner cette taille à la tâche et de laisser l'en-
trepreneur travailler selon l'usage du temps.

L'ouvrier conservait des joints de 5 millimètres près du parement *vu*, et il dégrossissait le
reste du lit en amaigrissant la pierre, de manière à ménager entre les assises des espace-
ments intérieurs de 40 à 60 millimètres. Il
posait l'assise et remplissait le joint par un
coulis de mortier ordinaire. Ce procédé vicieux

qui échappait à la connaissance de Soufflot, fut poursuivi jusqu'au-dessus de l'entablement intérieur. Après une interruption de six années, les travaux furent repris en 1776 ; mais alors toute la partie supérieure fut exécutée en pierres dures posées avec soin sans démaigrissements de lits. On décintra la même année les quatre grands arcs du dôme et les pendentifs, qui les réunissent. La charge que reçurent à ce moment chacun des piliers du dôme s'éleva à *un million* de kilogrammes et occasionna quelques éclats de peu d'importance. Les ouvrages des années 1777 et 1778 augmentèrent le poids afférent à chaque pilier de 750,000 kilogrammes : de nouveaux éclats se produisirent. Ils affectaient principalement le voisinage des cales, que l'on avait laissées dans les lits des pierres. A la mort de Soufflot, en 1780, le nombre des fentes était de 96 ; en 1797, il s'élevait à 650. Il devenait urgent de soutenir l'édifice. Ce ne fut pourtant qu'en 1799 qu'on posa les cintres de soutènement du dôme ; et en 1806, on commença les travaux de réparation.

Par cet exemple vous voyez jusqu'où vont les

exigences des conditions, que la stabilité pose
à l'architecte dans les constructions. Les accidents que je viens de vous signaler, ne se sont
produits que dans les parties des piliers, dont
les assises ne transmettaient la charge que par
la périphérie des lits. Les mortiers coulés ou
fichés dans ces lits, irréguliers comme on l'a
vu, avaient diminué de volume par la dessiccation, et la diminution avait été proportionnelle
à l'épaisseur du mortier; de telle façon qu'au
bout d'un certain temps la pierre ne portait plus
au milieu du lit, qu'un peu plus tard, elle portait mal sur la ligne apparente du joint et que
la charge agissait avec sa pleine énergie sur les
cales en bois qui avaient servi à la pose et qu'on
avait laissées dans les joints. Sous cette pression, les cales ont fait éclater la pierre en cédant elles-mêmes, et la ligne apparente du lit
devint le lieu où s'exerça la pression qui causa
encore la destruction de la matière. C'est ainsi
que d'énormes piliers, qui, construits avec le
soin apporté par Soufflot au commencement
de son œuvre, auraient exigé 13,000,000 de
kilogrammes pour s'écraser, se brisaient par

parties successives au fur et à mesure de
la construction, sous des charges croissant d'a-
bord de 1,000,000 de kilog. à 1,700,000 kilog.,
puis atteignant 3,646,000 kilog. lorsque l'édifice
fut terminé. Un défaut d'attention dans la tenue
de ses chantiers a fait perdre à Soufflot, vous
le voyez, le bénéfice que lui assurait la bonne
disposition de ses fondations. Si les conditions
de stabilité, qui paraissent avoir été si bien
définies d'avance dans les projets de Soufflot
avaient été réalisées, cet architecte n'eût pas
soulevé la critique de ses descendants, et, surtout, n'eût pas forcé ses successeurs à modifier
le caractère de son œuvre, qui, comme Saint-
Pierre, devint, par l'épaississement nécessaire
des piliers, une déformation de la conception
première. Voyez, Messieurs, jusqu'où s'étend
l'influence des indications positives, que le constructeur emprunte au mécanicien.

Vous avez remarqué dans les deux histori-
ques que je viens de vous présenter, avec quelle
lenteur les maçonneries se détruisent sous l'action des forces qui les condamnent à la ruine.

Cette considération de l'influence du temps dans la déformation des constructions mal équilibrées est très-importante, et je voudrais y insister par un dernier exemple.

Dans la seconde moitié du xie siècle, Guillaume le Conquérant construisit à Bayeux une cathédrale, dont le plan comportait trois nefs longitudinales et une nef transversale. Sur les quatre piliers du centre de l'édifice reposait une tour carrée formant coupole au-dessus des arcs joignant ces piliers. Au xiiie siècle, on voulut agrandir l'édifice, reconstruire le chœur et élever les voûtes. On recoupa de nouvelles arcades dans les murs de l'ancienne tour romane et on jugea opportun d'augmenter la force des piliers pour porter une tour centrale qu'on projetait, plus élevée et plus lourde. Les nouveaux piliers se trouvèrent ainsi composés d'un noyau (provenant de l'ancienne maçonnerie romane), qui avait éprouvé tout son tassement, et d'une enveloppe récemment construite. Il faut ajouter que la vieille maçonnerie du noyau n'était elle-même pas homogène en résistance ; car on avait négligé de remplacer, à la partie supérieure, quelques pierres correspondant à la naissance des anciennes voûtes et formées de tuf poreux sans dureté. L'enveloppe nouvelle était faite avec de petits matériaux; elle éprouva, lors de la dessiccation des mortiers, un tassement qui en diminuait la hauteur et la dégageait presque entièrement de toute résistance. Ce ne fut qu'en 1477 qu'on éleva les étages supérieurs de la tour. A cette époque déjà, l'inégalité de tassements et de hauteurs des deux parties composant le pilier avait causé des lézardes dans ce support. Aussi lorsque, en 1714, Moussard voulut remplacer la coupole en bois, qui avait été brûlée, par un dôme en pierre, fut-il obligé de réduire les dimensions qu'il avait d'abord voulu donner à cet ouvrage pour soulager les piliers. Le mode de construction, appliqué à l'épaississement de ceux-ci eut depuis lors des conséquences désastreuses. Le noyau central, étant resté plus long que l'enveloppe tassée, supportait toute la charge : il s'écrasa dans l'assise tendre du tuf placée à la naissance des anciennes voûtes. Après ce désor-

dre, la charge porta sur l'enveloppe du XIIIᵉ siècle, et y produisit des lézardes et des fentes qui se
développèrent considérablement pendant 60
ans, et qui s'étaient tellement multipliées depuis, qu'on regardait en 1855 la chute de l'édifice comme imminente. L'enveloppe extérieure
était broyée ; et les parties de tuf poreux, ré-
duites en poussière, mais comprimées dans la
masse, reportaient la pression sur le noyau
central qui cédait à son tour. Ce ne fut que
par des travaux considérables et hâtés qu'on
parvint à réparer le mal. On remplaça les
piliers.

Vous devez garder de ces faits deux observations, Messieurs. La première, c'est que,
comme au Panthéon, il ne suffit pas qu'une
quantité de matière suffisante soit mise en
œuvre pour résister aux efforts prévus de la destruction ; il faut encore que cette matière soit
employée de telle façon qu'elle soit simultanément utilisée à vaincre ces efforts, et que
ses différentes parties ne puissent être successivement attaquées. La seconde, c'est que, lorsque ces
conditions ne sont pas remplies, lorsqu'il n'y a

pas équilibre entre l'effort destructeur et l'effort résistant, et que la matière est fatalement condamnée à la destruction, celle-ci ne s'opère que lentement, progressivement et à la suite d'espèces d'étapes, qui correspondent à des équilibres momentanés et factices, résultant des déplacements successifs de la matière et des nouvelles conditions statiques que cela crée. Je reviendrai souvent sur ces considérations, et votre professeur de constructions, j'en suis sûr, ne manquera pas de les invoquer de son côté. Il ne faut pas croire, d'ailleurs, que ces déboires et ces difficultés ne se présentent que dans les monuments importants. Ils viennent trouver le constructeur jusque dans l'édification de la moindre de nos maisons d'habitation. Certainement, dans ces constructions courantes, il est plus facile de s'éclairer par les exemples voisins sur la judicieuse mise en œuvre et sur les proportions utiles des matériaux. Mais, d'un autre côté, le constructeur d'un grand édifice peut donner à chaque partie de son œuvre plus de temps, plus de soins et une étude plus approfondie. Cette étude, c'est la science de la stabilité qui la guide. Complétons donc le sens général de celle-ci, en définissant les conditions suivant lesquelles la matière subit l'action des forces, lorsqu'elle leur est soumise.

Considérés dans leur ensemble, les corps se présentent au constructeur, comme au physicien, sous trois états principaux : *l'état solide,* — *l'état liquide,* — *l'état gazeux.* — Dans le premier état, les molécules du corps sont maintenues entre elles par la *cohésion*; — dans le second état, les molécules montrent par leur mobilité l'indifférence de leurs positions relatives; — dans le troisième état, les molécules éprouvent de la répulsion les unes pour les autres.

Tous ces corps peuvent être considérés comme composés de particules initiales excessivement petites. Ces éléments, qu'on nomme molécules ou atomes, sont séparés les uns des autres par des intervalles plus ou moins considérables, qui sont susceptibles de varier sous l'influence de la chaleur, de la compression, de l'attraction, etc., etc. Les atomes

résistent aussi bien aux causes extérieures qui
tendent à les rapprocher qu'à celles qui tendent à les désunir, ce qui porte à supposer
entre les atomes voisins des actions récipro-
ques nommées *attraction* et *répulsion*. Les
effets de ces attractions moléculaires prennent,
suivant les cas, les noms de *cohésion* ou d'*adhé-
rence*. Ils se manifestent dans une infinité de
circonstances, et pour les liquides aussi bien
que pour les solides. Quant à la répulsion, elle
est évidente dans le gaz, dont les molécules
tendent à s'échapper dans tous les sens. On
s'accorde à supposer que le *calorique latent* est
la cause de la répulsion moléculaire et que,
privés de ce calorique, tous les gaz passeraient
à l'état solide.

L'attraction et la répulsion, dont il est question, n'agissent qu'entre les molécules voisines
d'un même corps ou au contact immédiat de
deux corps différents. Mais il existe d'autres
genres d'actions qui s'exercent de corps à
corps, à des distances quelconques : telles sont
l'*attraction* ou *pesanteur universelle*, les *attractions et répulsions magnétiques*, etc., etc.

Ainsi, Messieurs, si nous considérons les corps solides, qui devront particulièrement fixer notre attention, nous pouvons distinguer déjà deux espèces de forces capables d'exercer leur influence sur eux : 1° des forces moléculaires intérieures, qui maintiennent la forme des solides ; 2° des forces extérieures qui sont, ou des propriétés de la matière ou des agents de la nature, et qui produisent leurs effets à distance sur les moindres particules des corps.

Il faut encore parler d'une troisième espèce de forces. Ce sont les forces qu'exerce immédiatement, au contact, un corps sur un autre corps : telle vòtre main qui pousse un objet. Dans ce cas, vous pouvez concevoir la surface de votre main sur toute l'étendue du contact, comme divisée en petits éléments, pour chacun desquels il y a une pression exercée ; et la force totale que le corps reçoit de votre main se compose de toutes ces pressions élémentaires. Si je presse du doigt l'extrémité supérieure de ce crayon, maintenu debout sur la table, les molécules de la surface pressée de mon doigt sont rapprochées des molécules de la tête du crayon ;

elles exercent sur celle-ci une compression, qui les rapproche des molécules sous-jacentes et, par ce fait, mettent en action les forces de répulsion moléculaire, qui réagissent et transmettent la compression aux molécules inférieures suivantes. C'est comme cela que, de proche en proche, la pression de mon doigt vient se communiquer à la table, en comprimant le crayon dans toute sa longueur. Mais ce crayon a un certain poids — supposez-le en fer pour que mon discours soit plus sensible; — la pression qu'il exercera sur la table sera donc égale à la pression de mon doigt augmentée du poids du crayon.

Messieurs, ce crayon ainsi maintenu et ainsi analysé dans les actions mécaniques qu'il subit, vous donne exactement l'idée des conditions dans lesquelles se trouvent les piliers de Saint-Pierre de Rome, du Panthéon ou de la cathédrale de Bayeux.

Le crayon, c'est le pilier lui-même; la pression de mon doigt, c'est le poids d'un dôme ou d'une tour. Ce poids se transmet donc de proche en proche aux différentes assises des piliers;

il les comprime et s'augmente, en descendant d'une assise à l'autre, du poids d'une assise.

Les phénomènes qu'on observe lorsqu'un corps est suspendu à l'extrémité d'une tige solidement retenue à sa partie supérieure, sont tout à fait semblables; seulement, la tige est ici tirée tandis que le pilier était comprimé, et l'attraction se communique de proche en proche jusqu'au point d'attache en développant ici les attractions moléculaires, tandis que dans le pilier c'étaient les répulsions qui réagissaient.

Tous les corps se déforment sous l'action des forces qui les sollicitent. Les uns sont raccourcis par des compressions, les autres sont allongés par des tractions, et il en est d'autres encore qui sont, partiellement et simultanément, raccourcis et allongés. C'est ce qui a lieu dans une poutre posée sur deux appuis et chargée d'un poids. La partie supérieure de la poutre se comprime, tandis que la partie inférieure s'allonge, et toute la pièce se courbe. Cette courbure est la déformation définitive du corps soumis à un effort de flexion. Ces effets des forces agissant sur les corps sont peu sensibles à l'observation sommaire, que nous faisons journellement. L'idée vulgaire et courante, c'est que la déformation est un *accident* et on ne la reconnaît que lorsqu'elle se dévoile dans les désordres des ouvrages. Cette idée est fausse et il faut la bannir. Vous ne ferez jamais de bonne stabilité dans sa compagnie ; la matière se déforme incessamment sous l'action des forces qui agissent sur elle. Voilà la vérité ; aucune matière, quelque résistante qu'elle soit, n'échappe à cette condition. La pierre, le granit aussi bien que les calcaires, les métaux les plus durs la subissent.

Vous prendrez un morceau de fer d'un centimètre de section et de 5 centimètres de hauteur, par exemple. Après avoir bien assuré l'horizontalité de sa base et la verticalité de son axe, vous le chargez d'un poids de 3,000 ou 4,000 kilog. ; non-seulement la matière se comprime, mais elle s'écrase. Ce résultat est frappant. — Vous reprenez un autre morceau du même fer avec les mêmes dimensions et vous le mettez dans la même position ; puis vous le chargez de 2,000 kilog. ; l'objet se ac-

courcit, et le phénomène est notable et paraît
inquiétant au plus grossier des constructeurs.—
Vous reprenez un autre morceau du même fer,
toujours dans les mêmes dimensions et dans la
même position, et vous le chargez de 1,000 kilog. L'objet se raccourcit, mais vous ne le voyez
plus immédiatement : il faut que vous ayez recours à une expérience directe et à des instruments spéciaux pour le constater. Vous voilà
arrivés au champ raisonnablement limité des
applications de la matière par le constructeur.
Dans ce champ, la matière se raccourcit ou
s'allonge ; mais sa déformation n'est pas immédiatement sensible. C'est la nécessité du
constructeur de savoir placer ses matériaux
dans des conditions telles, et c'est encore pour
cela qu'il emprunte au mécanicien cette branche
de la science que nous avons appelée la *stabilité
des constructions*. Savoir établir dans toutes les
circonstances les conditions, l'importance et la
mesure des causes de destruction, qui agissent
sur les édifices ; savoir prévoir l'agencement
de matériaux propres à résister efficacement à
ces causes de destruction et proportionner ces

matériaux à ce rôle ; tel est donc, Messieurs, le double but de l'étude que nous allons entreprendre.

Mais, avant d'aborder cette étude fondamentale pour vous, il faudra que je consacre quelques séances à l'exposition des principes de la mécanique. Cette science de la mécanique, qui s'est peu à peu formée par les labeurs pénibles de l'esprit aux prises avec l'observation, ne peut être abordée, je veux vous le dire, Messieurs, sans quelque peine. Elle est pourtant bien simple en elle-même! Mais c'est précisément cette simplicité qui fait la difficulté. Les idées simples n'ont qu'une seule manière d'être vues : elles exigent l'abstraction de toutes les idées accessoires, auxquelles l'habitude attache continuellement notre attention.

Dans ma prochaine leçon, j'engagerai cette étude préliminaire, et je ne doute pas que votre vif désir d'apprendre, rapproché de mes efforts à trouver pour vous la clarté, ne nous amène promptement à l'étude proprement dite de la *stabilité des constructions.*

CHAIRE DE STÉRÉOTOMIE

PROFESSEUR

M. CHARLES DUPONT (DE L'EURE).

~~~~~~~~~~~~

LEÇON D'OUVERTURE

~~~~~~~~

Messieurs,

La suite des procédés qui permettent de définir et de délimiter avec méthode les solides suivant des formes prévues, prend le nom de *stéréotomie*. Ce nom, baroque à première audition, vient de deux mots grecs, qui expriment nettement le sens de l'étude que nous allons poursuivre ensemble; στερεὸς veut dire *solide*, et τομή signifie *section, taille*. Il faut toutefois que nous mettions plus de précision dans cette définition très-générale.

La stéréotomie tient une place importante parmi les ressources premières de l'architecte. Elle représente le côté scientifique du maniement intelligent, facile et économique des matériaux, considérés dans les changements de forme qu'ils sont appelés à subir pour entrer dans la constitution des édifices. Le constructeur ne pourrait l'ignorer sans voir l'exécution et la durée de ses ouvrages soumises aux dangers de l'imprévoyance ; l'artiste ne saurait la négliger sans encourir le risque de concevoir des œuvres irréalisables. Vous comprenez déjà, Messieurs, tout le prix que j'attache à vous faire apprécier dans cette première séance l'objet précis, le but poursuivi, les méthodes usitées de la stéréotomie. Ne doutez pas qu'une semblable lumière soit pour vous d'un secours précieux en tête d'une branche capitale d'enseignement, qui reste nécessairement aride si on n'en mesure d'avance la portée.

Imaginez, Messieurs, que vous ayez en face de vous une œuvre quelconque d'architecture. Précisons et supposons qu'il s'agisse d'un édifice clos et couvert. Quand vous le considérez,

non dans son expression et dans son mérite
d'art, mais dans sa simple constitution matérielle, qu'apercevez-vous d'abord ? Des murs
qui closent, soutiennent on divisent la construction ; des combles qui l'abritent; des planchers
ou des voûtes qui en séparent les étages. Voilà
bien ce qu'un premier examen vous montre,
et plus d'une de vos études fixeront en temps
convenable vos esprits sur l'importance de chacune de ces divisions principales des œuvres construites. Mais si vous analysez de plus près l'objet
que vous avez devant les yeux, vous découvrez
bientôt des subdivisions nombreuses limitant
d'autres parties fragmentaires, qui sont comme
les éléments constitutifs de la construction. Ici
ce sont des pierres superposées ou juxtaposées
ainsi qu'on le voit dans les murailles; là des
pièces de bois attachées les unes aux autres ou
se pénétrant les unes les autres, à la manière
des planchers ou des combles. Quelquefois
un certain nombre de ces éléments sont com-
binés entre eux de façon à constituer par leur
suite des formes plus compliquées ; tels ils se
présentent dans les arcs, dans les voûtes, dans

les encorbellements de toutes espèces. Ces fragments premiers des constructions sont-ils rapprochés au hasard dans l'œuvre de l'architecte? Vous ne pouvez le penser et vous concevez d'avance que c'est à l'art même de la construction de prévoir et de déterminer les dispositions, qui permettront à ces matériaux de s'assembler entre eux de manière à constituer un tout solide, durable, et pourvu sous le rapport de la résistance, des avantages d'une masse unique. Le constructeur fait appel à des procédés variés pour atteindre ce but; mais il en est un qui prime de beaucoup tous les autres par la sécurité qu'il présente et par la généralité de son emploi; c'est celui qui consiste à préparer d'avance chaque fragment de l'édifice suivant des formes telles que le contact avec les fragments voisins soit assuré. Tout projet d'édifice, vous le comprenez, doit alors comporter non-seulement la figure exactement déterminée des masses ou parties architecturales, mais aussi celle des éléments de la construction, de chacun des matériaux employés. Si cela est ainsi prévu, l'architecte n'aura plus qu'à réa-

liser ces formes précisément déterminées, en
faisant subir aux matières premières les modifications convenables. Eh bien, Messieurs, *l'ensemble des procédés qui permettent de changer
les formes des matières premières en d'autres
formes appropriées aux exigences des constructions,* voilà ce qu'est pour nous la *stéréotomie;*
et c'est la définition précise que je vous en
donne.

Je voudrais, Messieurs, dès maintenant, faire
ressortir de cette définition les deux ordres
d'idées auxquelles nous devons rattacher toute
l'étude de la stéréotomie. Les procédés qui
permettent de transformer méthodiquement,
c'est-à-dire sûrement et économiquement, les
figures primitives de certains corps en d'autres
figures, comprennent en effet deux sortes
d'opérations. Laissez-moi, pour être clair,
me placer avec vous devant ce projet d'édifice.
J'y remarque et j'y désigne cette pierre, à laquelle diverses considérations de stabilité ou
d'aspect prévu ont donné une forme spéciale.
Le sens et l'expérience du constructeur en ont
ici constaté l'utile intervention; le sentiment

de l'artiste a fixé l'amplitude de son rôle, et le crayon en a délimité la place et l'importance dans ces dessins d'ensemble. Pensez-vous qu'armés de ces seuls dessins, l'auteur du projet, s'engageant dans la réalisation de son œuvre, puisse apporter, chacuns à leurs places respectives, les matériaux bruts et de forme incertaine que la nature lui fournit, et que, sur le *tas*, — comme on dit en terme de chantier, — il travaille de proche en proche chaque pierre de façon à lui donner, par un tâtonnement long et pénible, la forme qui lui assure un contact immédiat avec les pierres voisines? Vous apprendrez qu'un procédé analogue a été suivi jadis et qu'il a constitué un mode de construction, dont le nom, *opus incertum*, a été emprunté au défaut même qu'il comporte. Voyez cette nouvelle figure. Que d'incertitude, en effet, dans cet agencement, où chaque pierre, soumise au hasard de la forme primitive, échappe à toute prévision méthodique! Mais considérez les impossibilités qui naîtraient dans l'exécution, s'il fallait employer ce moyen avec des formes précisément délimitées d'avance, comme cela serait indiqué dans l'exemple du projet qui nous occupe. Comment agirait-on là? Il faudrait, autant que faire se pourrait, présenter à sa place la pierre de carrière, constater son défaut de forme pour son adaptation, la retirer, la modifier un peu par la taille, la présenter à nouveau, faire une seconde constatation d'insuffisance de forme et continuer ainsi péniblement des tâtonnements successifs, qui aboutiraient peut-être, si l'on avait eu le bonheur de ne commettre aucun excès de taille dans les différents *abattages* approximatifs qu'il aurait fallu opérer. Ce résultat désiré est plus que douteux, et bien des pierres y seraient abîmées et sacrifiées au détriment de l'économie et de la promptitude dans l'exécution. Mais ce n'est pas tout. Songez à ce que serait ce travail, si l'on devait soumettre à des manœuvres aussi répétées des matériaux de volumes et de poids considérables. L'introduction immédiate des matériaux bruts dans l'œuvre ne vous semble-t-elle pas désormais par là devenir impraticable pour le constructeur?—Assurément.—Celui-ci ne peut pourtant rester dépourvu à cet égard, et c'est à

4

la stéréotomie qu'il fait appel pour sortir d'embarras. Cette science aborde pour lui le problème et le simplifie dès l'abord en le divisant dans sa complexité. Au lieu de vouloir engager de toutes pièces la confection des matériaux élémentaires selon des formes prévues, elle constitue un document net, exact, complet et facile à lire, document qui fixe dans tous ses détails l'étendue du corps à mettre en œuvre, ses surfaces limites, les positions respectives et les mesures de ces surfaces. Puis, ce document établi, elle en effectue, partie à partie, le transport sur le *matériau* à confectionner dans sa forme définitive, de telle sorte que le débit de la matière ne consiste plus qu'en des opérations simples et certaines. Ainsi, Messieurs, deux modes d'opérations distinctes constituent la stéréotomie : une représentation claire de tout ce qui permet de définir complétement la forme des corps ; — une transmutation de cette représentation authentique sur le relief de la matière. Occupons-nous d'abord de la représentation, et demandons-nous quel sera le moyen auquel le stéréotome aura recours. Il faut ici que nous nous arrêtions quelques instants; parce que la langue dont la stéréotomie fait usage pour noter et conserver ses renseignements est une langue spéciale, dont on doit apprécier le sens, si on veut en comprendre les vrais avantages.

Suivant l'ordre d'idées qu'il sert, l'homme emploie des moyens divers d'expression. Qu'il veuille traiter les sujets relatifs à l'esprit ou au cœur, ou que, dans le monde des choses tangibles, il médite de reproduire l'idée générale des objets, c'est à la parole ou au langage écrit qu'il fera judicieusement appel; mais qu'il s'agisse de transmettre à d'autres la forme précise, exacte, ponctuelle de ces objets, le moyen dénote alors son insuffisance.

Vous écrivez à un ami et vous traitez d'un objet d'art, qui a fixé votre esprit, excité votre critique. Vos impressions ont été vives, vous les voulez faire partager; aucun moyen n'égalera le langage ordinaire, auquel vous ferez reproduire l'étendue ou la profondeur de vos impressions, de vos émotions même, par l'amplitude du tableau que vous saurez développer.

Mais si vous voulez décrire minutieusement tous les détails relatifs à la forme de l'objet qui vous occupe, quelle ingratitude vous présentera ce procédé littéraire! Son usage vous tiendra suspendu entre deux écueils, dont sûrement vous ne sortirez pas. Si vous êtes complet et véridique, votre description, longue et diffuse, languira dans un encombrement de mots tel que l'esprit s'y perdra. Si vous êtes bref et concis, vous serez incomplet et insuffisant. Eh bien, Messieurs, prenez dans ce dernier cas un crayon et faites une image, un dessin de l'objet. Croyez-vous que votre description ne va pas se trouver aussi simplifiée qu'élucidée?

J'ai voulu, Messieurs, par cette opposition, rendre plus saisissante pour vous une citation que j'emprunte à l'excellent traité de géométrie descriptive de M. Vallée :

« Nos idées, dit-il, ne sont pas toutes de na-
» ture à pouvoir être communiquées par le
» moyen d'une langue écrite ou parlée. Celles
» qui tiennent aux formes ou aux positions des
» corps sont particulièrement dans ce cas;
» aussi a-t-on souvent besoin pour les tran-

» mettre, d'aider le discours de représenta-
» tions qui s'adressent à la vue. »

Comprenons donc bien, Messieurs, toute la
portée de ces moyens spéciaux de représentation des corps et, tout limité que soit leur usage
relativement au procédé général du langage,
rappelons-nous qu'eux seuls répondent à nos
besoins dans certains cas. Ces cas sont particulièrement ceux que rencontre le constructeur
lorsqu'il veut définir la forme des matériaux
qui doivent constituer ses œuvres.

Mais parmi ces langages spéciaux, qui sont
nombreux, quel est celui que la stéréotomie
utilise? Telle est la question que nous devons
maintenant résoudre. Pour y arriver, il importe
de considérer dans les corps les surfaces qui
les enveloppent; car ce sont les surfaces qui,
justement définies et représentées, définissent
et représentent les corps. Que faut-il faire pour
définir et représenter les surfaces?

Si nous interrogions un géomètre, il nous
dirait qu'il ne connaît qu'une espèce de surface. Pour lui la seule surface, qui ait droit à

ses attentions, est celle dont chacun des points est relié à des points repères connus dans l'espace par une loi déterminée et continue. Dès que les repères lui sont connus, il sait déterminer chacun des points de la surface considérée. Ces surfaces sont très-limitées en nombre : elles prennent le nom de *surfaces géométriquement définies.*

Si nous interrogions un artiste, celui-ci, bien plus voisin des conditions réelles de la matière, s'inquiéterait peu de pareilles lois. Pour lui, toute surface est reconnue, qui fait impression sur ses sens. Le stéréotome reconnaît aussi ces innombrables surfaces sans cesse étudiées par l'artiste, et il les nomme *surfaces sensiblement définies.* Au milieu de celles-ci, il distingue, comme cas particuliers, les *surfaces géométriquement définies,* dont il sait tirer au besoin parti pour simplifier ses solutions générales. Il vise donc à la représentation de toutes les surfaces.

Dans la représentation d'une forme donnée, on peut se proposer deux buts différents :

Ou bien, tracer une représentation des surfaces, qui nous rappelle les sensations que nous éprouvons à la vue du corps lui-même, en d'autres termes, représenter l'*aspect* des objets;

Ou bien, tracer une représentation, qui nous permette de fixer par des opérations très-simples la forme et les dimensions réelles de tous les éléments nécessaires à la restitution ou à la réalisation des objets.

L'artiste, dans les images nécessaires, à l'aide desquelles il veut figurer les œuvres qu'il doit produire, utilise souvent le premier de ces modes de représentation. Le stéréotome se sert exclusivement du second.

Les considérations précédentes nous offrent, au milieu de leur aridité, l'avantage de simplifier singulièrement notre tâche. Hâtons-nous, Messieurs, de le constater.

Nous savons désormais que la stéréotomie néglige tous les moyens de figuration relatifs à l'aspect des objets, et qu'elle concentre ses procédés sur la *représentation des surfaces définies, en demandant à cette représentation la restitution en vraie grandeur de ces surfaces.*

Pour atteindre ce but, c'est aux projections

orthogonales qu'elle a recours. Vous avez étudié la géométrie descriptive, et vous savez tous,
Messieurs, ce que sont les projections et les
ressources que le stéréotome peut trouver en
elles pour représenter sur un dessin-plan tous
les éléments relatifs à la figuration exacte des
surfaces périphériques les plus compliquées des
corps. Rappelez-vous, en effet, la facilité que
présentent les projections pour fixer sur un plan
la position d'un point dans l'espace et les distances mesurables de plusieurs pointsentreeux.
Rappelez-vous aussi que la périphérie entière
d'un corps peut être considérée comme une
suite de points très-rapprochés les uns des
autres, et que toutes les fois qu'on possédera
un document figuré constatant les positions
isolées et relatives de ces points, on aura la
figuration exacte des surfaces limitant ce corps.
— Que concluez-vous? — Que c'est à ce procédé
que la stéréotomie doit emprunter ses moyens
de délimitation des formes des corps; puisque
de ce procédé ressortiront non-seulement
tous les points remarquables qui délimiteront
ce corps, mais les distances de tous ces points,

c'est-à-dire les surfaces réelles et les mesures exactes de ces surfaces. En fait, Messieurs, toute notre figuration se déduira de ce procédé général des projections, et toutes nos solutions ne seront jamais que des simplifications appropriées aux applications diverses et distinctes que poursuit l'art des constructions. Par cette méthode nous figurerons les surfaces les plus variées, reliées entre elles par les rapports de situations les plus variés eux-mêmes. Nous pourrons donc projeter des formes de corps préparées pour toutes les destinations de la stabilité ou de l'effet désiré dans les édifices. Choisir dans une forme donnée tous les points nécessaires à la définition exacte des surfaces du corps, et ne traiter que ces points nécessaires, telle sera la marche que nous devrons toujours suivre. La science de ce choix est, à vrai dire, la force vive de la stéréotomie, et la servir c'est préparer les solutions simples, qui sont les seules utiles dans l'ordre de nos applications. Souvent, très-souvent la considération des surfaces et des courbes géométriques interviendra à cet effet dans les solutions des ques-

tions qui nous seront posées. Nous les appellerons à notre aide toutes les fois que ces surfaces, introduites comme limites des matériaux,
ne contrediront, ne gêneront en rien l'œuvre
prévue de l'artiste et du constructeur. Nous le
ferons, parce que les procédés auxquels amène
l'emploi de ces surfaces sont économiques en
temps et riches d'exactitude. Mais ce sont là de
ces cas, qui, bien que très-répétés, ne constituent pas la méthode générale, et ils ne doivent
pas changer le point de vue que je vous ouvrais
sur celle-ci il y a quelques instants. Vous ne
pensez pas d'ailleurs, Messieurs, que je puisse
et que je veuille aujourd'hui vous initier à chacune de nos solutions. Ce sera précisément là le
champ de nos longues études; je dis longues,
car, si le principe de nos procédés est facile à
décrire en quelques mots, ses applications,
j'entends les simplifications de son usage, sont
nombreuses et exigent du temps pour être ex-
posées. Dans cette première séance, mon intention est de rattacher votre esprit à des idées
nettes sur les deux ordres d'idées qui nous
guideront dans nos travaux, et je pense que j'y

suis déjà parvenu en ce qui se rattache au mode de figuration dont nous devons faire usage.

Puisque nous sommes en mesure de nous rendre compte de la marche que nous suivrons pour établir sur un plan tous les éléments des formes prévues d'un corps, supposons maintenant cette opération faite. Voici notre *épure;* — comme toute solution graphique de géométrie descriptive, toute solution stéréotomique dessinée prend le nom d'épure. — Voici notre épure. Comment allons-nous en effectuer le transport sur la pierre ou sur le bois, ou sur toute autre matière? Comment allons-nous transmuter ces documents exactement figurés sur un plan en des reliefs exactement exécutés sur ces divers matériaux? C'est là la deuxième partie de l'opération du stéréotome; je vous l'ai déjà signalée: il convient que nous en comprenions la possibilité maintenant.

Je serais fort embarrassé, Messieurs, si je devais, dans une causerie aussi générale que celle-ci, vous présenter les procédés variés que la stéréotomie utilise en ce cas. Ils vous seront

complétement exposés en temps convenable.
Mais ce que je puis vous indiquer déjà, au bénéfice de la lucidité du coup d'œil que nous jetons
sur l'ensemble de nos études, c'est l'esprit dans
lequel le transport des formes arrêtées d'avance,
et complétement notées dans un document
exact, peut s'effectuer sur le relief des matériaux. Je veux le tenter.

Les procédés de transport sont liés dans leurs
applications aux espèces de formes qu'il s'agit
de transmuter et à l'aptitude des matériaux dont
on dispose.

Telle forme que vous voudrez traduire en
un relief, empruntera toute sa valeur à l'in-
saisissable variété de ses contours. La main
de l'artiste en aura fixé tous les points sous
la fine caresse de l'ébauchoir. Demandez à l'auteur, en face de son modèle en terre, quelle
loi conduit les ondulations de ces gracieuses
attaches ou les rudes saillies de ses muscles
en travail; sous quels angles se rencontrent ou
se croisent ces plis d'étoffes, qui fixent ici le regard dans un violent combat de lumière et
d'ombre, comme pour donner à l'œil et à la

pensée la juste mesure du calme des formes voisines? Il vous regardera sans vous comprendre et vous n'obtiendrez de lui qu'un laconique renseignement : *il faut que toutes les parties de ces fines surfaces soient reproduites telles qu'elles sont conçues, et, quelque insaisissables qu'elles puissent paraître à vos méthodes graphiques, il faut les atteindre toutes dans leurs moindres jeux.* C'est ici, Messieurs, un cas qui semble au premier abord échapper à l'ordre de nos applications ; cela est vrai. Mais à considérer le problème en lui-même, il est parfaitement dans le domaine stéréotomique. Je dirai plus, il est par excellence le type de cette seconde partie de la stéréotomie, que nous avons déjà désignée sous le nom de transport ou de restitution. Et, en y réfléchissant d'un peu près, vous devez comprendre que ce modèle en terre tient, entre les mains du statuaire, exactement la place que tient le projet dessiné entre celles de l'architecte, et que, si le premier artiste ne vous laisse pas la liberté de choisir sur sa *terre* les points, très-limités en nombre, que nous considérons comme suffisants pour définir absolument une pierre de construction, s'il exige que nous restituions, d'une manière pour ainsi dire continue, la périphérie conçue par lui sur le bloc de marbre, qui doit devenir son œuvre définitive, c'est qu'il faut, sans simplification aucune, aborder le transport un à un de la série complète des points qui lient exactement par leur seul voisinage toute l'œuvre d'art.

Quel meilleur moyen y aurait-il pour atteindre ce but, que de faire simplement sur le marbre la réciproque de l'opération, que nous effectuons dans nos projections ? Aucun évidemment. Aussi les sculpteurs en agissent-ils ainsi. Et ils donnent à cette projection réciproque le nom très-explicite de *mise au point*. Elle consiste à fixer dans l'intérieur du bloc de marbre, en tel nombre qu'on voudra, une suite de points marqués préalablement sur le modèle à reproduire. Voici, d'ailleurs, ce qu'en dit dans son ouvrage un illustre professeur de stéréotomie :

« Ayant mis en présence la statue et le bloc » capable de la contenir, on les entoure de deux

» châssis égaux, composés de tringles et de tra-
» verses, les unes horizontales et les autres verti-
» cales. Les sections horizontales de ces châssis
» sont des rectangles égaux, et chacun d'eux
» est compris entre quatre plans verticaux pas-
» sant par les côtés de ces rectangles. Les
» tringles et traverses portent des échelles li-
» néaires, et par les points de division de ces
» échelles, on fait passer des fils, qui se coupent
» à angles droits et forment un réseau composé
» de petits carrés.

» De chaque point marqué à la surface de la
» statue, [1] on abaisse une perpendiculaire sur
» l'un des plans extérieurs du châssis qui l'en-
» veloppe. Le pied de cette perpendiculaire
» correspond à un point déterminé de l'un des
» réseaux du même châssis. Le second châssis
» qui enveloppe le bloc étant par hypothèse
» égal au premier, on y marque le pied de la
» perpendiculaire sur le réseau égal et parallèle
» à celui du châssis de la statue. L'ouvrier en-
» fonce une mèche au moyen d'un vilebrequin,

1. C'est du modèle en terre, dont l'auteur entend ici parler.

» ae manière qu'elle passe par le point connu
» du réseau et qu'elle s'arrête dans le bloc, à
» une distance de ce réseau égale à la longueur
» connue de la perpendiculaire abaissée du
» point de la statue sur le plan du châssis qui
» l'enveloppe.

» En répétant cette opération, on obtient
» dans l'intérieur du bloc autant de points qu'on
» veut, et la position respective de ces points
» est évidemment la même que celle des points
» de la statue qu'on a projetés sur les plans du
» châssis enveloppe [1]. »

Cette *mise au point*, vous le voyez, Messieurs,
est une très-simple, très-uniforme et très-mé-
thodique restitution d'une projection plane, sur
la matière. Le plan de projection, c'est la face
répétée quatre fois autour du modèle et constituant le châssis de celui-ci. Le système de
projection, c'est cette perpendiculaire abaissée
de chaque point sur une face du châssis et me-
surée dans sa longueur; il équivaut exactement
au procédé de deux perpendiculaires abaissées

1. HACHETTE, *Géom. descr.*

sur deux plans rectangulaires. Le mode de restitution, c'est le retour au deuxième châssis,
l'inscription qu'on y fait de la place occupée par
les pieds des perpendiculaires sur le premier
châssis, et le relèvement de ces perpendiculaires
pénétrant dans la matière jusqu'à la profondeur
convenable. La méthode est très-claire et très-
générale. C'est pour cela que, bien que détachée du champ d'application ordinaire de l'architecte, je vous la présente ici en première
ligne. Elle est si générale, si efficace et si certaine, qu'on est porté tout d'abord à en concevoir l'utilisation régulière à toutes les repro-
ductions de reliefs d'après des figures planes.
Si vous réfléchissez pourtant à la complication
d'installation, à la longueur et aux dépenses
qu'elle exige, vous ne vous étonnerez pas que
le stéréotome en ait imaginé d'autres pour
les besoins du constructeur.

Considérons maintenant une pierre, Messieurs,
celle que je vous signalais dans ce même projet mis sous vos yeux. C'est un *corbeau* enchâssé
dans un mur et appuyé sur une pile faite de gros
matériaux, tous bien appareillés et solidement

assis les uns sur les autres. Il importe d'autant plus que cette pierre soit elle-même parfaitement travaillée et mise en place, qu'elle joue un rôle marqué dans la construction. Elle va non-seulement participer à la constitution du mur, mais c'est elle qui recevra la portée de cette poutre, dont le poids est lourd ; et, de plus, l'artiste nous a indiqué par ces motifs sculptés en tête de la pierre tout le prix qu'il attache à en faire ressortir l'intérêt. Nous ne pouvons donc mettre trop de soin à assurer l'exacte réalisation de la forme prévue ici. Mais vraiment cette pierre n'est qu'une bien minime portion de l'édifice, qui coûtera cher et qu'il faut promptement exécuter ! Toute perte de temps ou d'argent y est déplacée. La *mise au point,* aimée du statuaire, ne peut nous satisfaire. Donnons-nous donc la peine de chercher une solution moins compliquée dans l'exécution.

Au demeurant, ce corbeau est limité par des surfaces simples. D'abord ce sont des plans. Je les compte ; il y en a sept. Parmi ces plans, six se coupent à angle droit, le septième est incliné sur deux des faces voisines, tout en restant rectangulaire avec les deux autres. Dans une pierre bien choisie, il nous est facile d'adopter pour base l'une des faces grossières de la forme parallélipédique, que ces matériaux affectent lorsqu'ils viennent de la carrière. Sur cette face je taille un plan très-régulier et sur ce plan je dessine la face pentagonale nº 1 du corbeau. Je sais que toutes les faces adjacentes à la face nº 1 sont perpendiculaires à celle-ci. Rien ne s'oppose donc à ce que je relève ces cinq faces perpendiculaires correspondant aux cinq côtés de la base pentagonale ; — une équerre et une règle me suffiront pour obtenir ce résultat. — La septième face, parallèle à la première, perpendiculaire aux cinq dernières, sera encore plus facile à exécuter, la profondeur de celle-ci étant connue par l'épure. Cette restitution aurait pu s'opérer en prenant pour base une des faces rectangulaires, voire la face inclinée, au lieu d'une face pentagonale. Le mode d'opération eût été le même, à la seule différence que certains relèvements de faces inclinées eussent été opérés à la fausse équerre substituée à l'équerre.

Quelque compliquées qu'elles soient, toutes
les restitutions des formes inscrites dans une
épure stéréotomique s'opèrent sur la pierre
par des procédés analogues à celui que je viens
de vous décrire avec une certaine minutie, pour
que vous en saisissiez le sens complet. Assurément, lorsque les faces des corps se courbent,
lorsque les courbures se contournent, lorsqu'elles échappent à toute loi de continuité
géométrique, l'opération s'attarde et languit
dans des préparations spéciales d'épures et dans
des précautions particulières au transport, et
l'on ne peut songer à dénuder d'un seul coup
la pierre sur des étendues aussi considérables
que celles offertes par le dégagement immédiat des faces de notre corbeau. Assurément
il faut définir ces surfaces complexes par une
suite de *lignes* très-voisines les unes des autres,
lignes qu'on fait figurer sur l'épure et qu'on
transporte successivement sur la pierre. Le
travail de celle-ci consiste alors en une suite
de *plumées* ou de rainures plus ou moins rapprochées, plus ou moins profondes et que la
main exercée de l'ouvrier raccorde en fin de

compte pour obtenir la surface désirée. Ce qui différencie essentiellement la *mise au point* et la *coupe des pierres*, c'est que, dans le premier cas, on transmute la forme par une série de points pénétrant directement dans les profondeurs de la matière, et que, dans le second, on se contente d'établir les lignes qui déterminent les surfaces entières prévues dans l'épure. Vous voyez ressortir en ceci l'économie du second procédé sur le premier et par là son utile intervention dans les travaux de l'architecte.

En rattachant les procédés de transmutation aux espèces de formes qu'il s'agit de reproduire, je vous ai dit que ceux-ci étaient aussi susceptibles de varier selon l'aptitude des matériaux qu'on traite. Toutefois, je n'ai fait intervenir jusqu'ici dans la question aucune exigence déduite de la condition de la matière. Lorsque nous parlions d'un morceau de marbre ou de pierre, il nous était, en effet, indifférent de l'attaquer par une face ou par une autre. C'était pour nous une simple commodité de chantier de l'asseoir sur telle ou telle base dans nos châssis ou devant nos équerres. Nous n'avions à nous inquiéter que de sa capacité à contenir l'objet à reproduire. Mais supposez que, votre épure stéréotomique à la main, vous soyez appelés à en transporter les résultats sur une pièce de *bois*. Celui-ci est un corps singulier, composé de longues fibres enchevêtrées parallèlement et donnant au *matériau* une allure toute spéciale. Toujours pourvu de longueur, il se présente sous des dimensions transversales relativement très-restreintes. Sa dimension dominante emporte avec elle l'idée d'un axe central, auquel semblent devoir se rattacher tous les éléments de la forme qu'on en tirera. Il faudra que les surfaces constituant cette forme soient conduites dans le sens longitudinal, qu'elles soient, autant que possible, équidistantes de la ligne centrale de la pièce. La résistance, la durée de l'objet, la nécessité de respecter la continuité des fibres et l'économie de la matière, assez coûteuse, feront des conditions absolues de ces dispositions indiquées. Vous voyez combien le stéréotome perd de sa liberté, dès qu'il s'attaque au bois ; aussi ses procédés se modifient-ils ici en conséquence. Comme l'axe de la pièce est le lien forcé des

opérations, et qu'il est central, caché et de position un peu incertaine à cause de l'irrégula-
rité de l'enveloppe de la matière brute, il faudra que l'opérateur soit pourvu d'une certaine
liberté de tâtonnements pour faire jouer la distribution de ses surfaces définitives autour du
repère central. C'est à atteindre ce but que vise
le stéréotome, et c'est en l'atteignant qu'il
constitue cette méthode particulièrement ap-
plicable aux bois, qu'il nomme *piqué des bois*.

Ce mot, Messieurs, clôt la liste des allures
diverses, que prend la stéréotomie pour servir
l'art; et je n'entends pas dans cette séance
fatiguer vos esprits par de longs développements
sur ce sujet. Le point de vue d'ensemble que
j'ai voulu vous ouvrir sur le sens de nos études,
perdrait certainement sa clarté et sa justesse,
si j'en noyais la simplicité dans le nombre et
la variété des faits. Il importe peu que vous
sachiez, un peu plus ou un peu moins, maintenant, comment nous ferons. Il est, au contraire,
essentiel, indispensable, que vous appréciiez le
but que nous poursuivrons, l'utilité de nos
travaux, les caractères qu'ils revêtiront selon

les services qu'ils seront appelés à rendre. Tout cela je vous l'ai dit; et, s'il vous arrive, ce que je vous souhaite, de tenter le résumé concis et plein de cette causerie, j'espère que vous y parviendrez en classant vos idées sous ces quatre titres : *Généralité du problème stéréotomique, caractérisée par sa capacité d'embrasser la transmutation de toutes les formes ; — division méthodique du problème stéréotomique en représentation ou figuration, en restitution ou transport ; — mode de représentation ou de figuration impliquant tous les éléments de mensuration ; — mode de restitution ou de transport variant selon la complication ou la finesse des formes, selon aussi la nature de la matière à traiter et prenant les noms de* MISE AU POINT, *de* COUPE DES PIERRES *et de* PIQUÉ DES BOIS.

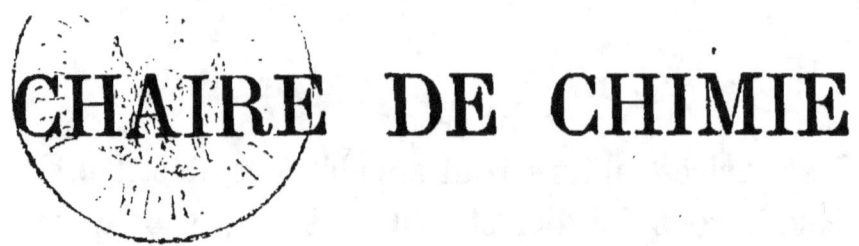

CHAIRE DE CHIMIE

PROFESSEUR : M. P.-P. DEHÉRAIN

SÉANCE D'OUVERTURE

Messieurs,

Si nous concevons l'existence d'un édifice dont les matériaux n'ont subi aucune transformation et dans lequel on n'ait utilisé que la pierre, l'ardoise ou le bois : c'est là un cas extrême, dont on ne rencontre que de rares exemples, et la plupart des monuments que nous avons sous les yeux renferment des matières qui, avant d'arriver sur le chantier, ont passé par l'usine. Les métaux, qui prennent chaque jour dans les constructions une plus

large place, les terres cuites d'un usage si
ancien, le verre, qui laissant pénétrer la lumière conserve la chaleur, et dont l'emploi
est inestimable dans nos climats du Nord, sont
des produits fabriqués d'après les règles posées
par la science des transformations de la matière,
par la chimie. Son rôle, au reste, ne s'arrête pas
là, elle mélange la chaux et le sable, les choisit
d'après l'usage auquel elle les destine et réunit
les assises de la pierre en blocs puissants qui
résistent aux intempéries des saisons ou à l'action prolongée des vagues ; elle imagine même
les moyens de rendre plus durables la pierre et
le bois, elle recouvre celle-là, elle fait pénétrer
dans celui-ci des liquides conservateurs qui
augmentent sa durée ; elle prête son concours
actif à l'ornementation en créant les matières
colorantes qu'elle fixe sur le verre, en donnant
naissance à la belle industrie longtemps éclipsée
des maîtres verriers; elle vient encore en aide
à l'art céramique, qui semble aujourd'hui aussi
renaître de ses cendres; l'intervention de la
chimie dans les constructions est donc de tous
les instants, et la place du cours de *chimie ap-*

pliquée aux constructions était nettement indiquée au milieu de ce brillant ensemble de connaissances que vous devez acquérir à l'École; on conçoit même que pendant quelques leçons on vous demande d'étudier les principes de la science, indispensables à vos succès dans le cours de chimie appliquée; mais, consacrer vingt-cinq leçons à la chimie générale n'est-ce pas vous distraire trop longuement de vos travaux de l'atelier, et ne sauriez-vous employer plus utilement le temps qu'on vous demande de sacrifier à cette étude?

Non, Messieurs, et je pense que je n'aurai pas de peine à vous montrer quelle peut être l'utilité du cours que j'ai l'honneur de commencer aujourd'hui devant vous. On vous l'a dit avec éloquence, on veut que l'École d'architecture soit une pépinière d'hommes pratiques, habiles dans leur métier, ayant entre les mains les ressources variées, les moyens puissants que la science fournit, mais on veut avant tout que l'École d'architecture soit une pépinière d'artistes, et c'est précisément ce qui justifie l'enseignement dont je suis chargé cette année.

Ce que l'homme aime davantage, Messieurs, c'est sa propre histoire ; si une œuvre d'art nous attire, nous retient, c'est que nous y retrouvons clairement exprimés nos sentiments et nos aspirations, c'est que nous sentons notre cœur battre avec celui de l'auteur, c'est qu'il précise ce que nous sentions vaguement, et qu'il nous donne une image saisissante d'idées encore confuses dans notre esprit. La mission de l'artiste, Messieurs, c'est de donner une forme palpable, vivante, immortelle parfois, aux joies, aux gloires comme aux malheurs et aux misères des hommes qui ont vécu avec lui; mais il est une condition essentielle pour qu'il puisse réussir dans l'œuvre qu'il entreprend, c'est qu'il soit fortement impressionné par ces gloires ou ces souffrances, qu'il sente vivement ce qu'il est chargé d'exprimer, qu'il soit un homme de son temps, et que tout ce qui s'y fait de grand trouve un écho dans son cœur. L'histoire nous le démontre, Messieurs, et, si vous le voulez, examinons ensemble quelques-unes des œuvres d'art qui, ayant passionné les contemporains, sont arrivées intactes jusqu'à nous ; nous reconnaî-

trons toujours qu'elles écrivent lisiblement
toutes les préoccupations du temps où elles
ont été conçues, et qu'elles doivent leur succès
et leur durée à cet accord entre l'œuvre et
les sentiments qui l'ont inspirée. Elles nous
intéressent donc doublement, non-seulement
parce qu'elles nous instruisent des sentiments
de ceux qui nous ont précédés et qu'avec Térence
rien de ce qui touche l'humanité ne nous laisse
indifférents, mais parce qu'elles nous transmettent cette histoire toute vibrante et toute chaude
encore des émotions qui animaient celui qui l'a
écrite. Pensez-vous que Dante eût créé l'épopée
du moyen âge chrétien s'il n'eût été animé par
l'amour de la patrie et la haine du parti vain-
queur? pensez-vous qu'une âme sceptique et
froide eût créé ces types encore pleins de jeunesse que tant de maîtres se sont plu à reproduire? Et pour ne prendre que ce qui touche à
l'art dont vous devez être les interprètes, la
lamentable histoire du moyen âge ne nous ap-
paraît-elle pas tout entière dans la cathédrale
gothique? Rappelez-vous les misères de ce
temps, la maladie, la persécution, la guerre

étrangère, la guerre civile avec toutes ses hor-
reurs, l'ignorance avec ses craintes chimériques
et ses violences, la famine enfin revenant pério-
diquement ; nulle sûreté, le droit du plus fort
seul maître ; une seule chose debout à côté de la
barbarie, l'Église, mais l'Église elle-même
découragée de cette terre, enseignant que cette
vie est une vallée de larmes qu'il faut traverser
à genoux pour gagner les félicités célestes ; tout
cela n'est-il pas écrit dans le monument lui-
même ? Ici-bas tout est sombre et glacé comme
les parties inférieures de l'édifice qui s'enfon-
cent dans l'ombre et la tristesse ; cette obscurité
c'est l'image de la vie terrestre vouée à la douleur et à la souffrance ; nul espoir sur cette
terre, toutes les aspirations sont vers cette
autre vie où l'on nous promet la suprême féli-
cité pour ce peuple accablé d'un dur labeur :
le repos. Portez donc, âme désespérée, vos regards vers le ciel, suivez la voie que vous tracent
ces légères colonnes ; comme de ferventes prières
elles s'élancent de la terre et s'épanouissent
vers le faîte en courbes gracieuses : là tout
change, le jour apparaît au travers des ogives

et des rosaces, la lumière fait étinceler les vitraux, leurs teintes brillantes semblent les reflets d'un écrin de pierreries, leurs chaudes nuances descendent vers cette foule agenouillée et y réveillent quelques pensées plus douces; en bas, tout est obscur; en haut, vers le ciel, tout est joie et lumière; la cathédrale n'est donc pas pour nous une œuvre que nous puissions juger froidement, son aspect nous trouble et nous émeut, car elle nous reporte au milieu de cette époque misérable, détachée de ce monde et s'épuisant à élever ces énormes monuments qui se dressent sur tous les points de l'Europe, comme pour témoigner d'une aspiration unique : une autre vie.

Et quand plus tard l'homme commence à relever la tête, quand il reprend courage à vivre, quand le peuple est plus fort et plus heureux, que son regard s'assure droit et ferme devant lui, que le souffle de la Réforme se fait sentir, voyez quel changement dans l'art et comme cette liberté se traduit dans l'œuvre de la Renaissance où la beauté puissante et robuste, où les formes pleines et nourries se substituent à ces

types maigres, longs et tristes qu'avaient affec-
tionnés les maîtres primitifs. Comparez l'ordonnance symétrique, l'allure raide et compassée
des premiers Italiens, encore soumis à la règle
absolutiste qui domine tout le moyen âge, aux
compositions indépendantes des maîtres du
xve siècle ; du Pérugin qui fait la transition, ar-
rivez à Raphaël, puis au Titien : c'est le moment
où s'accomplit la Réforme, où l'homme reprend
possession de sa raison, et reconnaît qu'elle est
son seul guide, mais c'est aussi le jour du
triomphe pour ces grands artistes italiens qui
ont donné à la peinture moderne un éclat sans
égal ; ici encore, l'art est l'image fidèle de l'état
social, et la transformation qu'il subit est celle
de la société elle-même ; il reflète cette transformation et en donne une image séduisante et
impérissable.

Vous le voyez, Messieurs, un artiste ne peut
rester étranger au mouvement de son siècle, il
faut qu'il le suive, qu'il le comprenne, qu'il y
participe ; les passions de son temps doivent
être les siennes, et il ne fera une œuvre durable qu'à la condition de refléter fidèlement

les préoccupations, les passions de ce temps, et
de les écrire clairement dans son œuvre.

Il faut donc que nous cherchions ensemble
ce qui est le grand caractère de notre époque,
ce qui lui donne un intérêt particulier ; il faut,
quand nous aurons découvert ce caractère, qu'il
s'imprime dans l'œuvre architecturale que vous
êtes appelés à exécuter.

Messieurs, le caractère du xixe siècle, son
trait saillant, c'est la puissance industrielle
qui dérive des immenses progrès que nous
avons faits depuis quatre-vingts ans dans les
sciences expérimentales ; depuis le commencement de ce siècle, l'homme a découvert les
moyens d'utiliser les forces naturelles ; il sait
trouver dans la vapeur un travailleur infati-
gable, dans l'électricité un messager d'une
rapidité qu'on n'osait rêver, il unit les diverses
matières qui existent ici-bas ou qui sortent de
son creuset pour les plier à ses besoins, pour
satisfaire ses désirs ou ses caprices ; il pose
les bases solides de l'art de guérir par l'étude
de la physiologie, comprend mieux les conditions de la vie végétale, et augmente la fertilité

du sol dont la production exubérante alimente
sans peine une population plus nombreuse.
Pendant longtemps l'homme a vécu ici-bas
sans connaître les ressources que son génie
devait faire surgir de cette terre, aujour-
d'hui il prend possession de son domaine,
son rôle va changer ; il accomplissait péniblement son rude labeur, il usait de sa force musculaire constamment et ses bras travaillaient
plus que son cerveau, tout cela s'efface peu à
peu ; aujourd'hui, la machine travaille, l'homme
conçoit et dirige. Parmi les sciences qui ont le
plus concouru à ces changements, Messieurs,
la chimie se place au premier rang, elle touche
à toutes les branches des sciences physiques,
car dans toutes on observe les métamorphoses
de la matière ; vous ne pouvez donc rester étran-
gers à ses efforts, vous devez la suivre réduisant
toutes les matières qui existent ici-bas à un
petit nombre d'éléments, et profitant de cette
puissance de décomposition pour se créer des
armes nouvelles et obtenir des matières non
encore isolées ; vous devez savoir comment elle
éclaire les réactions complexes qui se passent

dans les êtres vivants, comment elle arrive même à reproduire quelques-unes des matières qui existent dans leurs tissus; vous devez apprécier son caractère particulièrement créateur qui lui permet de mettre au jour des êtres nouveaux pour appuyer par des preuves matérielles la justesse de ses théories. Pas plus que l'architecte du moyen âge n'était étranger aux misères de son temps, pas plus que l'artiste de la Renaissance n'était en dehors du mouvement qui soufflait le libre examen et la révolte de la raison contre la loi absolue, pas plus l'artiste du xixe siècle ne peut se désintéresser du grand mouvement scientifique qui conduit les hommes de notre temps vers une ère de prospérité et de puissance inconnue jusqu'ici.

Commençons donc ensemble, Messieurs, l'étude de la chimie, et cherchons d'abord quel doit être le caractère de cet enseignement; je ne puis avoir, dans le peu de leçons dont je dispose, la prétention de vous initier au détail de tous les procédés qu'emploient les chimistes pour préparer, reconnaître, analyser les substances innombrables qui s'offrent à leur étude ; je ne puis non plus rester constamment dans des généralités qui, laissant l'esprit en dehors des faits positifs, ne lui donnent pas un appui solide ; je veux marcher entre ces deux extrêmes, et faire passer devant vous un certain nombre de faits bien établis, de métamorphoses bien nettes, puis discuter avec vous, devant ces faits, devant ces métamorphoses, les théories qu'imaginent les chimistes pour expliquer ces faits et prévoir ces réactions ; j'espère arriver ainsi non-seulement à vous préparer à saisir les questions délicates que nous étudierons ensemble l'an prochain dans le cours de chimie appliquée, mais encore peut-être vous intéresser à cette grande lutte que depuis tant d'années l'humanité soutient contre l'inconnu.

Les corps se distinguent les uns des autres par leurs propriétés, par leur mode d'agir sur nos sens ; une différence capitale a été faite par Lavoisier entre toutes les causes de nos impressions. Avant lui, la distinction entre les gaz susceptibles d'être enfermés dans des vaisseaux, d'être pesés, et les fluides comme la chaleur, la lumière, l'électricité n'était pas faite. En démontrant nettement que la chaleur n'est pas pesante, Lavoisier commence à lui assigner sa véritable place en dehors des corps proprement dits et parmi les forces qui les modifient. Les corps graves séparés ainsi des fluides impondérables se distinguent les uns des autres par leurs propriétés qu'on peut classer en propriétés physiques, chimiques et organoleptiques.

Les propriétés physiques s'observent sans que par cette observation la nature du corps soit profondément altérée, sans même qu'aucune de ses manières d'être soit modifiée d'une façon permanente ; elles sont nombreuses. — Elles comprennent : l'*état* sous lequel se présente la substance étudiée ; nous reconnaissons si un corps est solide, liquide ou gazeux, nous cherchons si l'état sous lequel nous le voyons habituellement est permanent ou s'il nous est possible par l'action de la chaleur, par celle du froid et de la pression, le déterminer un changement dans cet état ; tandis que l'eau se présente à nous solide, liquide ou gazeuse, que le soufre existe aussi sous ces trois formes, tandis que presque tous les métaux

peuvent être non-seulement fondus, mais même
volatilisés, il est certains corps, comme le carbone ou la chaux, qui ne fondent pas, quelle que
soit la violence du feu qui les étreint ; il est de
même des liquides, comme l'alcool et le sulfure
de carbone, qu'on ne saurait solidifier, et quelques gaz, l'oxygène, l'azote, l'hydrogène ne prennent jamais l'état liquide. — Quand un corps
sera susceptible de changer d'état, nous aurons
toujours le soin de noter la température à laquelle ce changement aura lieu, c'est-à-dire les
points de fusion et d'ébullition.

Au moment où un corps se solidifie, il affecte
souvent des formes régulières, il cristallise.
Nous reconnaîtrons ici, comme dans toutes les
autres parties de nos études, que la nature obéit
à deux tendances différentes : si elle prodigue
les êtres avec une éblouissante richesse, si elle
se complaît à leur donner les apparences les
plus variées, elle ne procède pourtant à la
création de nouveaux types qu'avec la plus
extrême parcimonie, et de même que parmi tous
les mammifères, quelle que soit la différence
de leur aspect et de leurs habitudes, on retrouve

un squelette essentiellement composé des mêmes
parties, dans lequel reparaît le type primitif,
de même, si variées que soient les apparences
des minéraux ou des substances cristallisées
artificielles, leurs formes ont été ramenées par
des modifications simples, dont les lois ont été
formulées par notre illustre compatriote l'abbé
Haüy, à un petit nombre de types primitifs. —
Le rapide examen des corps cristallisés nous
montrera que la même substance se présente la
plupart du temps sous des formes dérivant d'un
type primitif unique, mais qu'il arrive parfois
cependant qu'elle peut affecter des formes appartenant à des types différents et qu'il existe
des corps *dimorphes*, comme le soufre et le car-
bonate de chaux; nous reconnaîtrons enfin qu'il
est d'autres matières au contraire qui, bien
que présentant des compositions chimiques
différentes, ont toutefois des formes semblables; nous les appellerons des *corps isomor-
phes*. Il ne faudrait pas croire, Messieurs, que
ces similitudes de forme fussent trompeuses,
elles ne se rencontrent que chez des corps construits de la même façon et appartenant en

quelque sorte à la même famille; les lois de
l'isomorphisme, auxquelles se joindra toujours
le nom de Mitscherlich, auront donc pour nous
assez d'importance pour que nous nous y arrêtions quelques instants, puisqu'elles nous dé-
montreront que des formes extérieures semblables correspondent souvent à des constitutions chimiques analogues.

La ductilité, la malléabilité, la dureté, l'éclat,
la couleur sont encore des propriétés physiques
importantes à constater, pour se faire une idée
complète de la manière d'être des corps que
nous devrons étudier ensemble, sans qu'elles
présentent toutefois pour nous l'importance
des propriétés chimiques; l'étude de celles-ci
nous fait pénétrer complétement dans notre
sujet; aussi appuierons-nous particulièrement
sur les modifications qui surviennent dans les
propriétés des corps, lorsqu'on les fait réagir
les uns sur les autres ou qu'on les soumet à
l'action des fluides impondérables. Tandis que le
phénomène physique n'altérait les propriétés des
corps que passagèrement, les modifications,
dont l'étude est le sujet même de la chimie,

sont permanentes et laissent là substance qui
les a subies sous une forme souvent différente
de sa forme primitive; nous examinerons donc
quelle ardeur ou quelle indifférence se témoignent les corps mis en contact, nous noterons
si le travail produit dans les changements moléculaires se manifeste par des dégagements de
chaleur faibles ou intenses, si les nouveaux
états d'équilibre sont stables ou s'ils se trou-
blent facilement.

Nous distinguerons enfin des réactions qui
naissent par le contact des corps les uns avec
les autres, leur mode d'agir sur l'organisme.
M. Chevreul, en introduisant l'idée de propriétés *organoleptiques,* a montré cette profondeur
de vue qui caractérise toutes ses œuvres. Il est
certain que l'action exercée sur l'économie ani-
male par certaines matières est due plutôt à la
structure des organes sur lesquels elles agissent
qu'à leur nature même, je puis vous en donner
une preuve manifeste en rappelant des souvenirs qui me ramènent au commencement de ma
carrière. En 1851, j'étais élève au laboratoire

de M. Frémy, au Muséum d'histoire naturelle,
et j'assistai à des expériences curieuses qui furent faites sur le venin des crapauds par
MM. Cloëz et Gratiolet. Quelques-uns d'entre
vous ont peut-être remarqué que le crapaud
porte sur le dos des sortes de petites bosses ;
celles-ci renferment une matière d'une excessive amertume, qui, introduite dans la circulation des mammifères ou des oiseaux, détermine
rapidement la mort ; je fus témoin de l'effet
que cette matière produisit sur un bouc de
haute taille, qui périt en moins de trois quarts
d'heure après avoir reçu deux décigrammes d'ex-
trait sec de venin de crapaud ; or, cette même
matière si vénéneuse pour les mammifères et pour
les oiseaux ne produisait aucun effet sur les
reptiles ou les batraciens, on ne pouvait donc
pas considérer la propriété vénéneuse comme
appartenant à la matière extraite des crapauds
et il fallait reconnaître que la structure même
des organes sur lesquels cette matière devait
agir avait plus d'influence sur l'effet produit
que la nature de la matière elle-même ; la propriété vénéneuse devra donc être classée parmi

les propriétés organoleptiques plutôt que parmi les propriétés chimiques.

Pour examiner les propriétés chimiques, pour arriver à se faire une idée sur la constitution même des matières qu'ils étudient, les chimistes les soumettent à un certain nombre d'opérations qu'il importe de définir, non-seulement pour que nous puissions comprendre nettement le sens des mots que nous emploierons, mais parce nous y trouverons l'occasion d'acquérir sur les propriétés de la matière des notions importantes. Dans leurs opérations usuelles, les chimistes distinguent le *mélange* de la *dissolution* et de la *combinaison*. Tandis que le *mélange* peut être effectué entre des corps quelconques, en proportions quelconques, qu'il peut être détruit par des moyens mécaniques : qu'on conçoit, par exemple, que si on mélange de la craie et du charbon, on puisse ajouter un peu plus de l'un ou de l'autre sans être astreint à aucune règle ; qu'armé d'une loupe on puisse avec de la patience séparer les petits morceaux noirs des petits morceaux blancs, dans la *dissolution* on rencontre déjà des règles plus pré-

cises ; nous savons tous d'abord qu'il est impossible de faire pénétrer dans un liquide quelconque une matière solide, liquide ou gazeuse prise
au hasard; le sable se refuse à disparaître dans
l'eau, l'huile ne se mêle pas à l'esprit-de-vin,
le gaz ammoniac ne se dissout pas sensiblement
dans le mercure; mais au contraire, ainsi que
vous le voyez, le salpêtre se dissout dans l'eau,
l'huile se mêle à l'éther et le gaz ammoniac
qui existe dans cette cloche se dissout dans
l'eau avec une excessive rapidité et le liquide
vient frapper le haut du vase avec une telle
force que celui-ci n'y résiste pas et est brisé ;
nous reconnaissons donc ici l'existence d'une
force particulière que nous appelons la *solubi-*
lité ; celle-ci ne s'exerce pas en proportions
quelconques, mais elle rencontre une limite supérieure ; vous voyez qu'après avoir fait disparaître dans l'eau chaude plusieurs fois de suite
des quantités notables de salpêtre, je ne puis
plus continuer à en ajouter de nouvelles proportions, l'eau est dite alors saturée ; en général, le point de saturation d'un liquide pour
une matière solide est d'autant plus élevé que

le liquide est plus chaud, en d'autres termes un liquide dissout d'autant plus de sel que sa température est plus élevée ; on observe précisément l'inverse quand il s'agit d'obtenir une dissolution gazeuse, et vous voyez devant vous un ballon où de l'eau soumise à l'action du feu perd tout l'air atmosphérique qu'elle tenait en dissolution.

La *dissolution* ne peut plus se détruire par de simples moyens mécaniques, il faut en général l'intervention de la chaleur pour chasser le dissolvant ; vous savez qu'on ne procède pas autrement pour obtenir le sel qui se trouve dans l'eau de la mer : celle-ci est introduite dans des bassins larges et peu profonds dans lesquels elle s'échauffe et s'évapore sous l'influence du soleil.

La *combinaison* dont il nous reste à parler s'exerce dans des conditions plus précises encore que la dissolution ; si un grand nombre de matières peuvent être mêlées les unes aux autres sans qu'il se manifesté aucune action, il est d'autres substances au contraire qui ne peuvent être mises en contact sans contracter une

alliance accompagnée souvent d'un vif dégagement de chaleur et de lumière ; vous en avez
sous les yeux un exemple remarquable. Plaçons
sur ces cristaux d'iode quelques morceaux de
phosphore, et vous les voyez s'enflammer aussitôt ; si nous jetons dans ce flacon rempli d'un
gaz jaune verdâtre que vous apprendrez à connaître sous le nom de chlore, de l'antimoine
réduit en poudre, vous voyez celui-ci brûler
avec une belle flamme blanche et donner d'é-
paisses fumées blanches de chlorure d'antimoine ; notre air atmosphérique provoque
aussi la combustion d'un certain nombre de
matières, mais son action s'exerce avec plus
d'énergie quand ces matières sont déjà légèrement échauffées. Plaçons dans la flamme de
cette lampe à alcool ce fil de magnésium et
vous le voyez brûler avec un éclat que les
yeux ont peine à supporter.

Tandis que le phosphore reste au contact
de l'eau sans s'altérer , que l'antimoine ne?
brûle pas dans l'air, nous voyons le phosphore
s'enflammer au contact de l'iode et l'antimoine au contact du chlore; il nous faut donc

reconnaître ici l'existence d'une force particulière qui détermine ces actions chimiques :
cette force est appelée *affinité*. Il est remarquable que dans le langage chimique ce mot soit
pris dans un sens spécial ; tandis qu'habituellement le mot affinité s'entend d'êtres ou de matières qui ont les uns avec les autres certaines
ressemblances, en chimie on l'emploie pour
désigner la force qui détermine l'union ou empêche la séparation de matières habituellement
assez différentes par l'ensemble de leurs propriétés.

Non-seulement la combinaison ne s'exerce
pas entre des corps quelconques, mais encore
elle a lieu suivant des proportions parfaitement
fixes et définies, c'est-à-dire que si on cherche, par exemple, suivant quels poids se combinent l'oxygène et l'hydrogène, pour former
l'eau, on trouve que ces poids sont constants et
que le poids de l'oxygène employé sera toujours
8 fois plus fort que celui de l'hydrogène ; si on
veut unir ce même hydrogène avec le chlore,
dont nous avons prononcé le nom il y a un instant, nous trouvons encore que le poids de l'hy-

drogène restant 1 , celui du chlore devient
35,5 ; il n'est pas moins remarquable encore que
si on unit le chlore et l'oxygène on pourra encore obtenir une combinaison dans laquelle les
proportions seront 35,5 et 8. Ces poids invariables suivant lesquels les corps se combinent
les uns avec les autres sont connus sous le nom
de *poids atomiques* ou *d'équivalents.* — L'idée
qui se présente naturellement à l'esprit quand
il s'agit d'interpréter ce fait capital est l'existence d'atomes, de particules de matières aussi
fines que possible entre lesquelles la combinaison a lieu; ces atomes seraient au reste de poids
différents pour chaque espèce de matière, mais
constants pour la même espèce, ce qui permet-
trait de comprendre pourquoi ces poids restent
constants dans les combinaisons.

Cette idée d'atomes présentant des poids
invariables reçoit un nouvel appui de là loi
des proportions multiples découverte par Dalton au commencement du siècle; ce célèbre
chimiste anglais montra nettement le premier
que si deux matières s'unissent en plusieurs
proportions, le poids de l'une restant invaria-

ble, les poids de l'autre sont entre eux dans des rapports très-simples, généralement comme les nombres 1, 2, 3, 4, 5, etc.; si par exemple on combine l'azote avec l'oxygène, on observe que cette combinaison peut s'effectuer en cinq proportions différentes; prenons pour point de départ ce poids 8 d'oxygène suivant lequel ce gaz s'unit avec 1 d'hydrogène, et nous reconnaissons que le poids d'azote qui s'unit avec 8 d'oxygène est représenté par 14; gardons dès lors ce poids 14 d'azote constant, et nous voyons que 14 d'azote s'unit non-seulement avec 8 d'oxygène, mais encore avec 16 d'oxygène, avec 24, avec 32 et avec 40; c'est-à-dire avec 8, 2×8, 3×8, 4×8, 5×8; ces rapports très-simples ramènent encore l'esprit vers l'idée d'atomes d'oxygène présentant chacun un poids de 8, qui se réunissent en nombre de plus en plus grand autour de la molécule d'azote dont le poids est représenté par 14.

Nous avons insisté plus haut sur les moyens de détruire le mélange ou la dissolution : les forces mécaniques ou la chaleur y suffisaient; bien que la combinaison soit parfois détruite

7

par des forces mécaniques, ainsi que vous allez
le voir ici quand je vais toucher avec cette ba-
guette de verre cette poudre noire formée par
la combinaison de l'iode et de l'azote, combinaison si peu stable qu'elle ne résiste pas au
moindre choc, et qu'elle détone comme vous
le voyez aussitôt que je la touche, bien que
la chaleur puisse détruire souvent aussi les
combinaisons, et que les travaux remarquables de M. Henri Sainte-Claire-Deville aient
même dans ces dernières années singulièrement multiplié les exemples de décomposi-
tions produites sous l'influence du feu, il n'en
est pas moins vrai qu'en général la combinaison ne se détruit que sous l'influence des forces
chimiques.

Un exemple va vous le démontrer. Voici quelques rognures de cuivre, je les attaque à l'aide
de ce liquide que les chimistes désignent sous
le nom d'acide azotique, et qui est connu vul-
gairement sous le nom d'eau-forte ; vous voyez
des vapeurs rouges se dégager et bientôt le
cuivre disparaît ; si j'essaye maintenant de re-
couvrer le cuivre que j'ai employé, je n'y réus-

sirai pas à l'aide de la chaleur ; si je chauffe la
dissolution bleue obtenue, je chasserai l'excès
d'acide employé et j'obtiendrai une matière
bleue semblable à celle-ci, qui a été préparée à
l'avance ; si en outre je chauffe cette matière
bleue, je la réduirai en une poudre noire ainsi
que vous le voyez maintenant dans ce creuset,
mais je ne saurais aller plus loin, et je ne retrou-
verai pas le cuivre avec ses qualités premières.
Faisons au contraire intervenir une force chimique, et le cuivre réapparaîtra avec tous ses
caractères. Je n'ai pour cela qu'à plonger dans
cette dissolution un morceau de fer, vous le
voyez bientôt se couvrir d'une pellicule rouge
de cuivre métallique.

En soumettant toutes les matières qui existent ici-bas aux moyens dont ils disposent, en
faisant agir sur ces matières les forces physiques et les forces chimiques, les chimistes sont
arrivés, Messieurs, à établir entre toutes ces
matières une distinction capitale ; ils ont rencontré un grand nombre de matières qu'ils ont
pu ramener à des termes plus simples : c'est
ainsi qu'ils ont trouvé dans toute matière ayant

appartenu à un être vivant du charbon, de
l'oxygène, de l'hydrogène et souvent de l'azote;
mais lorsqu'ils ont voulu simplifier les corps
dont nous venons de parler, ils ont complètement échoué, ils ont donc été conduits à partager tous les corps qu'ils rencontrent en deux
classes : les uns, qu'ils ont appelés des corps
composés, sont plus ou moins faciles à réduire
en espèces plus simples; d'autres, au contraire,
sont nommés corps simples parce qu'ils résistent
à tous nos moyens de décomposition.

Prendre une matière complexe et la réduire
en ses éléments, c'est là le premier problème
que s'est posé le chimiste, c'est faire une *analyse;* dans cette voie les progrès ont été rapides. Nettement posé par Lavoisier, le problème
analytique a été complètement résolu au commencement de ce siècle au moment où après Davy,
Berzélius, Gay-Lussac et Thénard, MM. Wöhler,
Bussy et Péligot ont décomposé les dernières
matières que l'ensemble de leurs propriétés indi-
quait nettement être composées; pour aller plus
avant, il faudrait employer des forces dont nous
n'avons plus aucune idée, et, bien que l'esprit

soit médiocrement satisfait de l'idée qu'il existe ici-bas soixante-six corps indécomposables, bien qu'il soit imprudent de considérer le point où nous sommes arrivés comme le dernier terme de l'analyse, rien cependant ne fait prévoir une prochaine décomposition des soixante-six corps regardés aujourd'hui comme simples.

Unir les corps simples de façon à constituer les corps composés que nous offre la nature, qui constituent les minéraux ou qui entrent dans les êtres vivants, ou enfin donner naissance à des êtres nouveaux produits par un judicieux emploi de l'affinité, c'est là un autre problème chimique intéressant au plus haut point, et qui, bien qu'éloigné encore de sa complète solution, a fourni cependant dans ces dernières années les résultats les plus curieux ; les recherches synthétiques donnent à la chimie son véritable caractère en même temps qu'elles éclairent singulièrement les sciences voisines ; les belles recherches de Sénarmont, d'Ebelmen, de MM. H. Sainte-Claire-Deville, Debray et Troost, sur la reproduction artificielle des minéraux, sont venus apporter de puissantes lu-

mières à la géologie, en indiquant quelques-
unes des conditions dans lesquelles ces minéraux
ont pu se produire. Les travaux si justement
célèbres de M. Berthelot, sur la reproduction
des principes existant dans les êtres vivants,
ont singulièrement modifié nos idées sur les
forces qui s'exercent dans l'organisme. Enfin
nous devons rappeler que c'est par un judicieux emploi de l'analyse et de la synthèse
que le célèbre Vicat a donné à l'art des constructions les moyens de remplacer certains ci-
ments naturels, difficiles à se procurer, par des
mélanges qui souvent peuvent remplir le même
rôle avec une économie considérable.

Par l'emploi de l'analyse et de la synthèse,
les chimistes arrivent peu à peu à éclairer le
problème qu'ils ont à résoudre, à savoir : déterminer la constitution moléculaire de tous
les êtres qui se présentent ici-bas ; la connaissance complète de cette constitution pourrait seule permettre de les classer méthodiquement d'après leurs véritables analogies mais
les difficultés que les chercheurs rencontrent
sont loin d'être toutes levées ; un exemple vous

fera bien saisir la nature des obstacles qu'il s'agit de franchir. Supposez qu'un naturaliste ait à classer un certain nombre d'animaux, il s'efforcera d'examiner leur structure, il aura dès lors recours immédiatement au scalpel, il pourra examiner les organes de ces animaux et reconnaître comment ils varient d'une espèce à l'autre, par quels points ils se ressemblent, par quels points ils diffèrent; cette ressource manque au contraire complétement au chimiste : il pressent que les diverses matières qu'il étudie sont formées de petites molécules de diverses natures groupées suivant un certain ordre ; mais quelque perçante que soit sa vue, quelque puissants que soient les microscopes qu'il emploie, la petitesse de ces molécules est telle qu'elles lui échappent complétement, et que ce moyen d'investigation lui fait absolument défaut; il est obligé alors de recourir à d'autres méthodes d'observation, et de même qu'un naturaliste ennemi des dissections se résoudrait à deviner la structure des animaux d'après leurs mœurs, leur manière de vivre, leurs instincts, d'après les tendances qu'ils ont

à se réunir, ou la terreur qu'ils éprouvent à
l'égard les uns des autres, le chimiste en est
réduit à examiner les manières d'agir des
substances qu'il étudie ; il place un certain
nombre d'entre elles dans des circonstances
déterminées, reconnaît si elles se conduisent
de même façon ou si elles éprouvent des effets
différents, et en conclut à une structure semblable ou différente ; il varie ses essais, il les
multiplie de façon à ne pas juger sur de
simples apparences, et arrive ainsi, à force de
sagacité, à conclure à l'identité ou à la différence
de ces constitutions ; il formule enfin le résultat
de ses études par une classification, classification qui, on le conçoit, ne repose cependant
que sur une base médiocrement stable. Aussi
dans la science que nous abordons ensemble,
devrons-nous toujours distinguer les faits positifs, les observations précises qui sont acquises
à la science et qui font partie de son domaine
inaliénable, des interprétations et des théories
dont ces faits ont déterminé la naissance ;
celles-ci varient rapidement et ne sont, pour
rappeler l'expression de Lavoisier, que des mé-

thodes d'approximation, qui, à force de changements et de modifications, nous conduiront
aux vraies lois de la nature.

Pour éviter la confusion au milieu des substances nombreuses qu'ils étudient, les chimistes de
la fin du xviiie siècle ont reconnu la nécessité de
les nommer systématiquement et d'imaginer une
nomenclature méthodique; il n'y a eu cependant rien de régulier dans la dénomination des
corps simples; on a, la plupart du temps, conservé les noms sous lesquels ils étaient désignés
dans le langage vulgaire; l'or, l'argent, le cuivre,
le soufre, etc., n'ont pas changé de nom; quant
aux corps simples nouvellement découverts, on
a tiré leur nom de celui des matières dont on
les avait extraits, en y ajoutant la terminaison
ium; c'est ainsi que le potassium, le sodium,
le baryum, le calcium, le magnésium, etc.,
tirent leur nom de la potasse, de la soude, de
la baryte, de la chaux, de la magnésie qui les
renferment; souvent encore on a désigné les
corps simples par des noms qui rappellent une
de leurs propriétés importantes : le chlore, le
brome, l'iode tirent leur nom de leur couleur ou

de leur odeur; quelquefois enfin on a pris une des fonctions chimiques les plus remarquables, qui désignée par des mots grecs est devenue le nom nouveau : hydrogène signifie corps qui engendre l'eau, azote corps qui prive de la vie, oxygène qui engendre les acides; les deux derniers noms sont faciles à critiquer : tous les gaz privent de la vie à l'exception de l'oxygène, et méritent dès lors le nom d'azote, et le mot nitrogène, qu'emploient les chimistes allemands et anglais, devrait être préféré puisque sans nitrogène on ne saurait produire le nitre ou salpêtre; il est fâcheux que Lavoisier n'ait pas conservé à l'oxygène le beau nom d'air vital qu'il lui avait donné d'abord, car si aucun autre corps ne peut entretenir la vie, il est des matières différentes de l'oxygène qui, au contraire, produisent des acides.

Dans la nomenclature des corps composés, on a suivi des règles plus fixes : un fait capital observé depuis longtemps devint la base sur laquelle on s'appuya; certaines matières naturelles ou produites par l'art sont corrosives, caustiques; elles désorganisent, brûlent, atta-

quent toutes les matières organiques, étendues d'eau, elles agissent sur les teintures colo-
rées et notamment sur l'une des matières les
plus employées par les chimistes, sur la teinture de tournesol, de façons très-différentes;
tandis que les unes rougissent cette teinture
bleue, ainsi que vous le voyez, d'autres au
contraire font reprendre à cette teinture d'abord
rougie sa couleur bleue primitive ; ainsi
ces matières ont sur les réactifs colorés des actions opposées; elles agissent au reste l'une sur
l'autre de la façon la plus inattendue, au lieu
d'ajouter leur causticité, elles la détruisent;
prenons d'une part de l'acide sulfurique ou
huile de vitriol, poison violent dont la peau
ne peut supporter le contact sans éprouver un
sentiment de chaleur intolérable; mettons-la
en contact avec cette autre matière également
caustique, la potasse, que le chirurgien emploie
pour attaquer la peau et qui porte en médecine
le nom de pierre à cautère, et nous reconnaissons que ces deux matières, unies en proportions
convenables, n'ont plus d'action sur la teinture
de tournesol; vous voyez qu'elles laissent au

papier rouge sa teinte caractéristique et qu'un papier bleu ne change pas davantage; si nous évaporons l'eau que nous avons ajoutée à ces deux matières pour pouvoir les mélanger sans risquer de briser les vases qui les renfermaient, par suite de la chaleur dégagée au moment de la combinaison, nous obtiendrons cette matière solide, blanche, inerte, que je puis manier sans aucun danger; cette matière c'est le sulfate de potasse, produit *neutre* obtenu par la combinaison d'un *acide*, l'huile de vitriol, et d'une *base*, la potasse.

Frappés par cette réaction importante et très-générale, les chimistes de la fin du xviiie siècle qui s'associèrent pour réformer le langage chimique, en firent le point de départ de leur classification; les corps furent partagés en trois grandes classes, les corps acides, les corps basiques, les corps neutres; un réactif unique, la teinture de tournesol, pouvait servir à établir la distinction entre eux : les acides la rougissent, les bases la ramènent au bleu, tandis que les corps neutres sont sans action sur elle.

Au moment où la nomenclature chimique fut

établie, une découverte capitale venait de
changer la face de la science ; après les travaux de Priestley, de Scheele, de Lavoisier
surtout, on avait enfin une idée précise sur le
phénomène de la combustion ; on savait que
c'est l'oxygène, le gaz actif de notre atmosphère,
qui se fixe sur certains corps simples et les
transforme en acides ; on savait que c'est encore
lui qui en s'unissant aux métaux fournit les
bases ; les deux classes les plus importantes de
corps composés binaires étaient donc des corps
oxygénés, et les composés ternaires, les sels
formés par l'union de ces bases et de ces acides,
étaient encore oxygénés ; ainsi les corps composés
oxygénés se divisaient en trois classes : *acides,*
bases et *sels.* Les corps non oxygénés formè-
rent deux groupes, l'un renfermant les combinaisons de deux métaux, qui prirent le nom
d'alliages, l'autre formé par l'union d'un métal
avec un corps non métallique ou par deux
corps non métalliques.

Les règles posées par Lavoisier, Berthollet et
Guyton de Morveau pour nommer les corps
composés étaient très-précises ; il fallait que le

nom du corps composé satisfît à trois conditions : il devait désigner à quelle classe de
corps composés il appartenait; quels étaient
les corps simples qui entraient dans sa composition, dans quelles proportions enfin ces
corps simples étaient unis.

Nous avons vu que dans l'esprit des auteurs
de la nomenclature tous les corps acides renfermaient de l'oxygène; on convint donc qu'en
commençant le nom d'un corps par le mot
acide on dirait du même coup : qu'il appartenait
au groupe des corps rougissant le tournesol et
qu'il renfermait de l'oxygène; en voulant désigner par exemple une combinaison acide de
soufre avec l'oxygène on y arrivait, en écrivant :
acide sulfur. Toutefois une dernière condition
restait à remplir, il fallait indiquer dans quelles
proportions les corps simples étaient unis,
car il arrive souvent que l'oxygène en se com-
binant à un corps simple en proportions
différentes peut produire plusieurs acides. On
y arriva au moyen de la convention suivante :
on déclara que l'acide le plus riche en oxygène
serait terminé en *ique,* tandis que celui qui ren-

fermait une proportion d'oxygène moindre ter-
minerait son nom en *eux;* on peut obtenir facilement deux combinaisons acides du soufre
avec l'oxygène; l'une est l'huile de vitriol, qui
renferme le maximum d'oxygène, son nom devient donc *acide sulfurique;* l'autre est ce gaz à
odeur piquante qui se produit quand le soufre
brûle à l'air, son nom est *acide sulfureux.* —
Il se présente encore quelques cas plus compliqués; on découvrit d'abord deux combinaisons du chlore avec l'oxygène, l'une qui renfermait pour 35,5 de chlore, 24 d'oxygène,
tandis que l'autre en renfermait 40; la première reçut naturellement le nom d'acide chloreux, la seconde celui d'acide chlorique, mais
bientôt les progrès de la science firent trouver
un acide ne renfermant pour 35,5 de chlore que
8 d'oxygène, on le distingua de l'acide chloreux par le mot hypo (au-dessous) et il devint
l'acide hypochloreux; plus tard, on trouva un
acide intermédiaire entre l'acide chloreux et
l'acide chlorique, on fit son nom en l'appelant
acide hypochlorique; enfin, plus tard encore, on
trouva une cinquième combinaison qui renfer-

mait 35,5 de chlore pour 56 d'oxygène, qui par
conséquent était plus oxygénée que l'acide chlorique; on avait nommé l'acide placé dans la série au-dessous de l'acide chlorique, acide hypochlorique, on donna au nouveau venu le nom
d'*acide hyperchlorique*, acide placé *au-dessus*
de l'acide chlorique; c'est là, Messieurs, le cas
le plus compliqué, puisqu'on ne connaît pas
plus de cinq combinaisons acides formées par
l'union d'un corps simple avec l'oxygène.

Le nom des bases fut aussi facile à construire;
vous vous rappelez qu'elles renferment toutes
de l'oxygène, on les désigna donc par le mot
oxyde, qui non-seulement indique la présence
de l'oxygène, mais encore rappelle la propriété
qu'a l'acide de bleuir le tournesol quand il est so-
luble dans l'eau; la combinaison du fer avec l'oxygène devint l'oxyde de fer; celle du zinc, l'oxyde
de zinc, etc.; pour distinguer les proportions
d'oxygène qui entrent dans les oxydes, on em-
ploya les mots proto, bi, tri, etc.; une combinaison de 27,7 de manganèse avec 8 d'oxygène
devint le *protoxyde de manganèse;* celle qui
renfermait 16 d'oxygène prit le nom de *bioxyde.*

Un cas plus compliqué se rencontre parfois, on trouve une combinaison de 27 de manganèse avec 12 d'oxygène, ou mieux de 54 avec 24 d'oxygène, c'est un sesquioxyde ; on désigne aussi l'oxyde renfermant le plus d'oxygène par le mot peroxyde ; ainsi le *peroxyde de fer* désigne la combinaison renfermant 56 de fer pour 24 d'oxygène, et le *peroxyde de manganèse* la combinaison formée de 27,7 de manganèse pour 16 d'oxygène. Au moment où cette nomenclature des bases fut inaugurée, on ignorait encore la véritable nature des oxydes désignés par les anciens chimistes sous le nom d'alcalis et de terres, aussi leur avait-on conservé leurs anciens noms... ils sont encore en usage aujourd'hui, bien qu'ils constituent une exception aux règles précédentes ; c'est ainsi qu'on désigne sous le nom de potasse, de soude, de chaux, de baryte, de strontiane, etc., les oxydes de potassium, de sodium, de calcium, de baryum, de strontium.

Il nous reste pour terminer ce qui est relatif à la nomenclature des combinaisons oxygénées, à indiquer comment on fait le nom des sels. Vous vous rappelez, Messieurs, le point capital

8

de la préparation des sels; en mêlant des proportions convenables d'un acide et d'une base, on obtient la plupart du temps une combinaison neutre, c'est-à-dire une matière qui ne présente plus ni les propriétés corrosives de l'acide, ni le caractère caustique de la base; on ne pouvait donc dans le nom du sel conserver intégralement le nom de l'acide, aussi supprime-t-on le mot acide, et change-t-on la terminaison *ique* en *ate*, la terminaison *eux* en *ite*, en conservant les syllabes *hypo* et *hyper* quand elles existent; si donc nous unissons l'acide azotique avec la potasse, nous faisons l'azotate de potasse, quand nous combinerons l'acide hypochloreux avec la soude, nous ferons de l'hypochlorite de soude, et ainsi de suite.

La classe des alliages n'a pas de nomenclature spéciale, on fait suivre le mot alliage du nom des métaux qui le composent; on dira ainsi que le laiton est un alliage de cuivre et de zinc, le bronze un alliage de cuivre et d'étain; il n'y a d'exception que pour le mercure dont les alliages sont généralement désignés sous le nom d'amalgame; un amalgame d'or est ainsi une combinaison d'or et de mercure.

Quant à la dernière classe des combinaisons formées par l'union de deux corps non métalliques ou par celle d'un corps non métallique avec un métal, la nomenclature est assez simple au premier abord; le nom du corps non métallique le plus comburant est terminé en *ure* et on y ajoute le nom du second corps simple; le chlore et le phosphore forment-ils une combinaison, elle sera désignée sous le nom de chlorure de phosphore; le soufre et le carbone donnent, en s'unissant, le sulfure de carbone. Quelquefois encore, quand la combinaison est gazeuse, il faut la désigner en plaçant le nom de la substance combustible le premier et en ajoutant le corps comburant terminé par un *e* fermé; le soufre et l'hydrogène donnent ainsi l'hydrogène sulfuré, le carbone et l'hydrogène, l'hydrogène carboné; quand un corps non métallique s'unit à un métal, c'est le premier qui prend la terminaison *ure;* le soufre donne avec le fer le sulfure de fer, le sel marin est désigné sous le nom de chlorure de sodium.

Il arrive parfois qu'il existe plusieurs combi-

naisons formées par les mêmes éléments, on les
distingue alors les unes des autres par les mots
proto, bi, tri, quatri, penta; le soufre et le
potassium s'unissent ainsi en cinq proportions
différentes, qui prennent les noms de *proto, bi,
tri, quatri* et *penta* sulfure de potassium.

Il s'est toutefois rencontré une difficulté dans
cette classe de combinaisons : on avait cru,
comme nous l'avons vu plus haut, que les
seules combinaisons acides étaient celles qui
renfermaient de l'oxygène, tandis qu'un certain
nombre de combinaisons, et notamment des
combinaisons hydrogénées, sont très-acides et
ne renferment cependant que du chlore,
du brome, de l'iode, du fluor et du soufre.
Il a fallu alors faire fléchir une des deux
règles posées précédemment, ou bien recevoir dans la classe des acides les combinaisons dépourvues d'oxygène, ou bien admettre
des acides dans la classe des combinaisons binaires sans oxygène, qui dans l'esprit des auteurs
de la nomenclature devaient être neutres. On
s'accorda généralement à admettre ces combinaisons qui, comme vous le voyez, sont nette-

ment acides, dans le groupe des acides, mais on en fit une classe séparée, dont le nom se construisit en plaçant après le mot acide la substance comburante, puis la substance combustible qu'on termine enfin par la syllabe *ique* ou *eux;* c'est ainsi qu'on peut dire acide chlorhydrique, acide sulfhydrique, etc., et que j'ai proposé de nommer les autres combinaisons chlorées, fluorées, etc., acides, d'une façon analogue, acide chlorostannique, acide chlorostanneux, acide chlorantimonique, etc.

Vous voyez que les combinaisons non oxygénées peuvent être acides, elles peuvent jouer aussi le rôle de bases et s'unir les unes avec les autres pour donner des sulfosels, des chlorosels, des fluosels, etc.; le grand fait de la saturation réciproque est donc beaucoup plus important qu'on ne l'avait supposé d'abord, et il s'applique aussi bien aux combinaisons dépourvues d'oxygène qu'aux combinaisons oxygénées elles-mêmes.

Après avoir énoncé les principes de la nomenclature parlée il nous reste, pour avoir terminé ces préliminaires, à vous indiquer, Messieurs, comment il est possible de représenter les combinaisons par des signes abrégés; nous avons vu plus haut que les corps se combinaient toujours suivant des poids fixes; la loi de Dalton sur les proportions multiples n'est venue que développer la loi précédente; on eut donc l'idée de représenter par les premières lettres du nom de chaque corps le poids de ce corps qui entrait en combinaison; ainsi la lettre H désignera pour un chimiste le poids 1 d'hydrogène, pris comme unité pour déterminer celui de toutes les autres combinaisons; la lettre O représentera le poids 8 d'oxygène, et il est clair que HO désignera une combinaison de 1 d'hydrogène avec 8 d'oxygène, c'est-à-dire le protoxyde d'hydrogène, ou eau, dont le poids chimique sera par conséquent représenté par 9; quand le même corps entrera en combinaison en plusieurs proportions, on indiquera ces proportions par un chiffre placé un peu au-dessus de la lettre, c'est ainsi que l'acide sulfurique formé de 16 de soufre et de 24 d'oxygène s'écrira SO^3, que l'acide azotique se formulera AzO^5.

Messieurs, les travaux des grands chimistes
du xviiie siècle ont posé la base même de la
science chimique et ont enseigné une des vérités
les plus importantes qu'il ait été donné à
l'homme de connaître. Malgré son génie,
malgré son admirable habileté expérimentale,
Lavoisier n'avait pu trouver des méthodes de
dosage des différentes matières tout à fait
exemptes d'erreur, mais au travers des fautes
de détail qu'il lui était impossible d'éviter, il
démêla un fait considérable; il étudiait le phénomène de fermentation, il vit, sous l'influence
d'un ferment, le sucre se décomposer en acide
carbonique et en alcool; suivant sa constante
méthode il pesait le sucre, point de départ de
l'expérience, l'alcool et l'acide carbonique ob-
tenus, et grâce à quelques erreurs qui se com-
pensèrent, il crut voir que les poids de l'alcool
et de l'acide carbonique ajoutés l'un à l'autre
formaient le poids du sucre lui-même; il put
donc écrire ces paroles mémorables, que je veux
vous citer textuellement : « *Rien ne se crée, ni
dans les opérations de l'art, ni dans celles de la
nature, et l'on peut poser en principe que dans*

toute opération il y a une égale quantité de ma-
tière avant et après l'opération; que la quantité
et la qualité des principes est la même, et qu'il
n'y a que des changements, des modifications.

» C'est sur ce principe qu'est fondé tout l'art
de faire des expériences en chimie; on est
obligé de supposer dans toutes une véritable
égalité ou équation entre les principes du corps
qu'on examine et ceux qu'on en retire par l'a-
nalyse. Ainsi, puisque du moût de raisin donne
du gaz acide carbonique et de l'alcool, je puis
dire que le *moût de raisin = acide carbonique*
+ alcool. »

Tous les travaux qui se sont accumulés depuis quatre-vingts ans sont venus démontrer
la vérité de cette loi posée par Lavoisier, et
vous verrez la chimie, Messieurs, se dérouler devant vous par une série d'équations, constamment vérifiées par l'expérience, qui établissent
toujours que le poids des matières est le même
avant et après l'opération.

Décomposons-nous l'eau en ses éléments au
moyen de la pile électrique, nous dirons que
$HO = H + O$.

C'est-à-dire que les poids de l'hydrogène et de l'oxygène séparés sont égaux au poids de l'eau primitive.

Décomposons-nous l'eau au moyen du fer métallique chauffé au rouge, notre équation plus compliquée devient

$$3\,Fe + 4\,HO = Fe^3\,O^4 + 4\,H$$

c'est-à-dire encore que le poids de matière représenté d'abord par du fer et de l'eau se retrouve ensuite sous forme d'oxyde de fer et d'hydrogène.

La masse de faits accumulés par la chimie nous démontre donc clairement, Messieurs, ce fait considérable : la matière est indestructible, tout ce qui existe de matière sur le globe y existe depuis l'origine, et nous sommes aussi impuissants à en distraire un atome qu'à y ajouter une parcelle ; notre puissance s'arrête à la création de la matière ; nous pouvons la transformer, nous pouvons tirer de la terre des minerais et en extraire des métaux, nous pouvons tirer des végétaux les principes qu'ils re-

cèlent, mais nous ne pouvons créer aucune
parcelle de matière, ni en détruire aucune.

Ce premier pas a été décisif, Messieurs, pour
l'avancement des sciences physiques, et cette
première vérité dévoilée a peu à peu conduit à
une vérité non moins importante : l'indestructi-
bilité des forces et leur transformation les unes
dans les autres, dont l'étude complète sera la
gloire du xixᵉ siècle.

Nous l'avons dit, dans toutes nos opérations, nous ne faisons que modifier la matière sans la détruire ni la créer, nos modifications s'arrêtent même au corps simple, et
si nous engageons l'hydrogène en combinaison,
non-seulement nous retrouverons un poids de
matière semblable à celui que nous avons
employé, mais encore nous retrouvons cette
matière sous forme d'hydrogène. La transmutation, le changement d'une espèce chimique en
une autre est jusqu'à présent un problème inso-
luble ; eh bien! il n'en est pas de même pour
les forces.... si nous chauffons de l'eau pour
la réduire en vapeur et que nous laissions cette
vapeur en repos nous pourrons retrouver au mo-

ment de la condensation toute la chaleur dé-
pensée pour la gazéifier, mais si nous employons
cette vapeur à un travail, si nous lui faisons
pousser le piston d'une locomotive, nous ne
pourrons plus retrouver toute la chaleur dépen-
sée, car au moment où la vapeur a travaillé,
elle s'est refroidie, et le travail effectué nous
apparaît comme complémentaire de la chaleur
retrouvée au moment de la condensation, en
d'autres termes la chaleur s'est transformée
en travail ; ce ne sont pas là au reste les seules
formes que puissent prendre les forces qui animent la matière; nous pouvons les suivre dans
des transformations plus multipliées; dans une
machine électro-magnétique on place du combustible, l'action chimique produite par les
combinaisons du charbon et de l'oxygène engendre la chaleur, celle-ci donne le mouvement
à la machine et fait apparaître l'électricité qui
concentrée aux extrémités des conducteurs se
résout en un arc lumineux, celui-ci, enfin, peut
déterminer à son tour un phénomène chimique;
eh bien, dans cette série de métamorphoses, il
n'y a pas de création, mais de simples transfor-

mations, et c'est en réalité le même fluide qu'il est aisé de reconnaître sous ces divers déguisements.

Vous le voyez, Messieurs, la science nous conduit à de grandes idées, faites pour émouvoir la vive imagination de l'artiste, elle nous montre la matière indestructible, persistant à travers les âges, sous des formes simples qui reparaissent identiques malgré les unions qu'elles contractent, elle nous montre les forces indestructibles encore, mais essentiellement changeantes, s'engendrant les unes les autres et nous apparaissant successivement sous forme d'action chimique de chaleur, de mouvement, de lumière et d'électricité.

CHAIRE

DE PHYSIQUE GÉNÉRALE

PROFESSEUR : M. JANSSEN.

~~~~~~

LEÇON D'OUVERTURE.

~~~~~~~~~~

Messieurs,

En ouvrant avec vous un cours de physique
générale, est-il nécessaire que je m'attache
à vous en montrer la convenance et l'utilité? Dois-je, avant même de vous rendre
compte du plan que je veux suivre dans ces
leçons, vous prouver que des connaissances en
physique peuvent être utiles en architecture?
Il y a à peine un demi-siècle, non–seulement
une pareille question n'eût pas été déplacée,
mais je doute qu'un enseignement du genre de

celui-ci eût eu aucune chance d'être admis dans
une école d'architecture. Aujourd'hui, heureusement, si l'on discute encore sur la question de
mesure, tout le monde paraît s'accorder à reconnaître l'utilité que présentent pour vous certaines connaissances positives. Afin de bien
comprendre la raison et la portée de cette
introduction de l'élément scientifique dans vos
études, permettez-moi de jeter un coup d'œil
sur les causes générales qui l'ont amenée.

Vous savez tous, Messieurs, comment notre
grande Révolution, en donnant à la société
française des bases nouvelles, a commencé une
ère, qui devait être marquée par de si grands
progrès moraux et matériels ; comment les nouvelles institutions, à mesure qu'elles se déve-
loppaient, ouvraient à tous le bien-être, l'instruction, la vie politique, etc., et par là,
décuplaient les forces vives de notre société.
Parmi les causes qui ont sinon amené, du
moins rendu possible, cette grande transformation sociale, nous ne pouvons, Messieurs, méconnaître l'influence considérable
des sciences.

Restaurées, après la renaissance des lettres et des arts, les sciences étaient parvenues, à la fin du siècle dernier, à un haut degré de développement. Aux découvertes géométriques des anciens, les mathématiciens avaient ajouté les admirables méthodes modernes : la géométrie analytique, le calcul infinitésimal et la géométrie descriptive. La physique, en possession depuis Bacon, Galilée et Descartes de la méthode expérimentale, avait pris un développement remarquable, et réalisé plus de conquêtes en moins de deux siècles, que pendant la longue période de l'antiquité et du moyen âge : les principes fondamentaux de la théorie des graves et de l'équilibre des fluides étaient posés ; les principales propriétés du son, de la lumière, de la chaleur étaient connues ; enfin l'électricité, étudiée à l'état statique depuis un demi-siècle, allait recevoir, grâce à la découverte de la pile, les plus grandes applications. Ces découvertes mathématiques et physiques avaient changé la face de l'astronomie. Cette science possédait enfin le véritable système du monde, et, par la grande découverte de Newton, le

principe universel qui en régit les mouvements. Les travaux de d'Alembert, de La-
grange, de Laplace avaient déjà constitué la
mécanique rationnelle et la mécanique céleste. Lavoisier avait fait de la chimie, une
science toute nouvelle, riche d'avenir et d'applications utiles. Enfin, les sciences naturelles
avaient réalisé des progrès correspondants. Cet
ensemble de hautes connaissances, constitué il
est vrai en vue d'un but philosophique : la découverte de la vérité et des lois de la nature,
enfermait encore en luimême les puissances qui
allaient bientôt transformer le monde matériel.
Aussi, après le temps d'arrêt marqué par les
grandes guerres de l'Empire et les luttes politiques de la Restauration, la société tournant
toutes ses forces vers l'industrie et cherchant
les éléments d'un nouveau développement,
trouva-t-elle dans les sciences, un auxiliaire
dont le pouvoir n'avait pas encore été soup-
çonné.

Déjà, depuis le commencement du siècle,
les grands travaux qui s'exécutèrent par le gouvernement : ponts, chaussées, routes, ports,

s'étaient ressentis de l'influence des connaissances scientifiques que nos ingénieurs pui-
saient dans les grandes écoles de l'État. Mais
la belle création de l'École centrale des arts
et manufactures rendit le mouvement général; elle répandit sur toute la surface du
pays, et à l'étranger, des hommes jeunes,
nourris des vrais principes de la science,
ardents à la répandre, à l'appliquer et impa-
tients de réaliser les merveilles que son application promettait. Vous savez, que c'est là, en
effet, ce qui arriva : l'industrie fut transformée,
les chemins de fer créés, la vapeur appliquée
partout ; l'électricité nous donna la galvano-
plastie, la dorure, l'argenture, la télégraphie,
la lumière électrique, etc.

Voilà, Messieurs, ce que l'application des
sciences a produit, voilà les grands résultats
qu'il eût été impossible de réaliser sans leur
concours.

Maintenant, revenons à nous, et à la situation qui est faite à l'architecture. N'est-il pas
évident que les immenses progrès accomplis
dans l'art de manier la matière et de l'appro-

9

prier aux constructions, que l'introduction si
large des métaux et leur mise en œuvre si
habile par les ingénieurs, que les procédés simples, rigoureux, expéditifs journellement employés par ceux-ci dans leurs travaux, n'est-il
pas évident, dis-je, que tant de conquêtes réalisées dans un ordre de travaux si apparentés
avec ceux de l'architecte, imposaient à celui-ci
des obligations nouvelles. C'est, en effet, ainsi,
Messieurs, que certaines études scientifiques
vous sont devenues indispensables aujour-
d'hui.

N'oublions pas, toutefois, que l'architecte
est un artiste et doit rester tel. C'est ici, que
réside la difficulté de votre programme d'é-
tudes. Science et art, n'est-ce pas beaucoup
exiger? Aussi, s'est-on quelquefois demandé si
des connaissances aussi variées pouvaient être
possédées de manière à les appliquer avec
fruit, et s'il n'y aurait pas avantage, laissant à
l'architecte le domaine de l'art, à donner à
l'ingénieur ce qui ressort de la science dans la
construction. Un instant de réflexion suffit pour
démontrer l'impossibilité d'une telle division.

En effet, comment l'architecte, entièrement
dépourvu de connaissances scientifiques pour-
rait-il avoir égard, dans le plan général de son
œuvre, aux exigences que la science seule peut
satisfaire aujourd'hui; et d'ailleurs, entre un artiste privé de toute éducation positive et un ingénieur complétement étranger aux questions
d'art, toute entente ne serait-elle pas impossible, chacun parlant une langue inintelligible
à l'autre? Pour que l'édifice conserve son unité,
il faut qu'il reste l'œuvre d'un seul ; pour qu'il
tende vers cet idéal de beauté que l'architecte
doit toujours s'efforcer d'atteindre, l'artiste doit
en rester chargé.

Vous voyez que nous sommes toujours ramenés à cette conclusion : nécessité de certaines études scientifiques. Du reste, si les
emprunts que l'artiste doit faire à la science
sont assez variés, ils sont loin de demander des
connaissances tellement complètes et appro-
fondies qu'il lui soit difficile de les acquérir;
et les études vraiment essentielles pour vous,
sont très-conciliables avec les exigences d'une
forte éducation artistique.

Ce sont ces idées générales qui me guideront
dans notre enseignement. Je m'attacherai surtout à vous faire bien comprendre ce qu'est la
physique, quel est l'esprit de ses recherches,
comment elle intervient utilement dans une
foule de questions qui intéressent l'architecture. Si ce but est atteint, si vous restez convaincus des avantages que vous promet la
science, et si vos connaissances acquises
vous donnent l'intelligence générale des principes qui devront vous guider dans les applications, vous pourrez rendre à votre art
des services dont l'avenir montrera l'importance.

La physique, Messieurs, ouvre devant vous
divers chapitres d'études qu'il faut distinguer.
A la tête de ceux-ci, nous rencontrons la *chaleur*,
sujet vaste et plein de ressources fécondes pour
les applications qui vous intéressent. Il nous
retiendra longtemps, et vous n'en serez nulle-
ment étonnés dès que vous aurez saisi le grand
rôle de la chaleur dans la nature ; car, nous
pouvons le dire aujourd'hui, il n'est peut-être

pas un phénomène, où cet agent n'intervienne comme cause ou comme effet.

Parmi l'universalité des phénomènes que la chaleur peut produire, la physique considère spécialement ceux qui ne sont pas suivis d'une modification permanente dans les corps soumis à son action. Cette science étudie surtout ces phénomènes au point de vue du jour qu'ils peuvent verser sur la nature intime et la cause première de la chaleur. Les beaux travaux qui ont été exécutés tout récemment jettent déjà de billantes lumières sur ces questions fondamentales. On a été conduit à reconnaître dans les effets de la chaleur le résultat des forces animant les dernières particules des corps. On a même pu fixer des relations d'équivalence entre les principaux effets mécaniques et les phénomènes calorifiques. Ainsi, la chaleur n'est pas, comme on le supposait auparavant, un agent de nature inconnue; c'est un mode particulier, une manifestation spéciale des forces qui animent la matière depuis l'origine du monde; et, on peut le dire en toute rigueur, il n'y a pas de différence essentielle entre la force qui retient les planètes autour du soleil, et celle qui détermine à la surface de la terre les phénomènes de fusion, de dilatation, de végétation, etc. Cette découverte de la véritable nature de la chaleur aura incontestablement, pour les sciences, une immense portée. Dès aujourd'hui, elle établit un lien qu'on était loin de soupçonner entre les phénomènes physiques, chimiques, et ceux si délicats et si obscurs de la physiologie. Aussi, Messieurs, bien que nous devions surtout demander à la science les notions qui doivent plus tard recevoir entre vos mains des applications utiles, je ne pourrai me dispenser de vous donner une idée d'une doctrine aussi importante, et qui porte un si haut caractère de simplicité, de généralité, et, j'ose le dire, de grandeur.

Mais, à côté de ces considérations de théorie pure, il faudra parler des utiles applications que l'étude de la chaleur pourra vous réserver, et, tout d'abord, nous rencontrerons celle qui est relative à la dilatation des corps par la chaleur. Vous savez que les corps augmentent de volume par l'action de la chaleur. La connaissance de

cet effet importe beaucoup au constructeur. En
effet, si ces variations de volume, suite inévitable des variations de température, étaient les
mêmes pour toutes les matières qui entrent
dans un édifice, vous pourriez, en général, en
négliger les effets. Les diverses parties de la
construction s'étendraient ou s'accourciraient
dans le même rapport, et il n'en résulterait
qu'une simple variation du volume total, sans
tiraillements ni poussées d'aucune sorte. Mais
il est loin d'en être ainsi ; chaque matière a sa
dilatation propre : faible pour le bois, plus
grande pour la pierre, elle est plus considérable
encore pour les métaux. Aussi, toute variation
un peu considérable de température est-elle,
pour une construction, une cause de désordres
graves, si on ne prend les précautions nécessaires pour les prévenir. Aujourd'hui que les
métaux entrent si largement dans la composition de nos édifices, il devient plus important
encore de connaître et de prévenir les effets de
leur grande dilatabilité. Permettez-moi de citer
ici un effet caractéristique de cette dilatation
des métaux. Je l'emprunte à l'ouvrage de

M. Tyndall sur la chaleur : « Le toit du
» chœur de la cathédrale de Bristol est en
» feuilles de plomb ; sa longueur est de 20 mè-
» tres et sa hauteur de 7 mètres. Il avait
» été posé en 1851, et deux ans après, c'est-
» à-dire en 1853, il était descendu de 1 mètre
» 50 centimètres. Le plomb avait commencé
» à descendre presque immédiatement après
» la pose. On avait essayé, mais en vain,
» de l'arrêter dans sa marche par des clous plan-
» tés dans les chevrons ; la force qui l'entraîne
» est telle, que les clous ont été violemment
» arrachés. La pente du toit n'est pas très-
» raide : les plombs seraient toujours restés en
» place, si leur poids seul avait agi pour les faire
» glisser. Quelle est donc la cause qui les a fait
» descendre ? La voici tout simplement : le
» plomb est exposé aux variations de tempéra-
» ture du jour et de la nuit ; durant le jour, la
» chaleur le fait dilater. S'il avait reposé sur
» une surface horizontale, il se serait dilaté
» également dans tous les sens, mais comme il
» était placé sur une surface inclinée, il se dila-
» tait plus en descendant qu'en montant.

» Quand, au contraire, il se contractait pen-
» dant la nuit, le retrait de haut en bas du bord
» supérieur était plus grand que le retrait de
» bas en haut du bord inférieur. Ses mouve-
» ments sont donc exactement ceux d'un ver de
» terre. Il pousse en avant son bord inférieur
» pendant le jour ; il tire à lui son bord supé-
» rieur pendant la nuit : c'est ainsi qu'en ram-
» pant lentement il s'est avancé de 1 mètre
» 50 centimètres en deux ans. Les variations
» de température du jour ou de la nuit agis-
» saient dans le même sens. M. le chanoine
» Mosely aurait même constaté que la plus
» grande part du résultat total revenait à ces
» changements plus brusques de température. »
Le désordre qui vient d'être décrit n'est
pas un fait exceptionnel ; les effets de ce genre
sont au contraire très-nombreux, et témoignent
que les principes de la science ne sont pas encore assez répandus dans les applications.

L'étude du changement de volume nous conduira à celle du changement d'état des corps
qui peut produire des effets analogues. Vous
vous rappelez les effets si connus et si re-

doutables de la congélation de l'eau, soit dans les conduites, soit dans les bassins ou les réservoirs, soit même dans l'intérieur de la terre ; car il paraît que, dans les pays du Nord, les fondations de certaines maisons isolées ont pu être renversées pendant des hivers rigoureux à la suite de gelées pénétrant profondément dans le sol.

Comme les corps solides et liquides, les gaz se dilatent par l'action de la chaleur; mais ici, les effets de la dilatation sont incomparablement plus marqués et amènent de tout autres conséquences. En raison de la grande mobilité de ses molécules, lorsqu'un gaz est échauffé en un point quelconque de sa masse, il en résulte aussitôt des variations de densité qui amènent la production de courants. La considération et l'étude de ces courants sont fort importantes. Les vents qui régnent dans notre atmosphère et les principaux phénomènes de la météorologie, ont pour point de départ la dilatation d'un gaz. Pour nous, nous aurons à considérer surtout ce phénomène dans ses rapports avec l'édifice, et, tout incomplètes que soient encore

les solutions dans ces sortes d'applications,
nous aurons à fixer ensemble les principes et
les théories auxquelles vous devrez vous rattacher dans la disposition de vos œuvres.

Puisque nous nous occupons de chaleur, plaçons ici quelques mots sur la conductibilité ca-
lorifique, c'est-à-dire sur la facilité plus ou
moins grande avec laquelle la chaleur est trans-
mise par les corps; cette propriété intervient
dans le problème de la construction. Le but principal et premier que l'homme s'est proposé en
élevant une habitation a été évidemment de se
défendre contre les intempéries et les rigueurs
du climat. La cabane, la maison, c'était la délimitation d'un espace soustrait aux dures atteintes de l'hiver, comme aussi aux ardeurs
d'un été brûlant. Sous ce rapport l'habitation
est en quelque sorte une extension du vêtement, et procède des mêmes besoins : c'est le
vêtement collectif de la famille ou d'une société
amie. Aussi, par une conséquence nécessaire,
les matériaux qui tout d'abord ont composé
ces habitations primitives, eurent-ils avec la
nature des premiers vêtements, une qualité

physique commune et très-importante : leur
mauvaise conductibilité pour la chaleur. Voulez-
vous quelqu'éclaircissement sur le sens pratique de ce mot? Il est de connaissance vulgaire qu'un morceau de bois, un bâton, par
exemple, peut être plongé dans un foyer et
y brûler par une de ses extrémités, sans
que la chaleur parvienne à l'autre extrémité. On peut même toucher le bâton -très-
près du point où il brûle, sans éprouver de
la part du bois, aucune impression sensible
de chaleur. Si au lieu de bois on imagine
que ce bâton soit formé de liége, de laine,
de mousse, etc., le résultat sera encore plus
marqué ; tandis qu'il en serait tout autrement si on substituait à ces corps, un métal. Qu'on place par exemple dans le feu,
une barre de fer; peu d'instants après la chaleur sera parvenue à l'extrémité de la barre,
et il sera bientôt impossible d'y tenir la main.
Les premiers corps ont donc empêché la transmission de la chaleur du foyer à la main, tandis que les métaux n'y ont apporté presqu'aucun obstacle; aussi appelle-t-on les

premières substances, de mauvais conducteurs de la chaleur; et les métaux, de bons conducteurs. N'est-il pas clair maintenant, que si les parois d'une habitation doivent surtout nous défendre contre les excès du froid et du chaud, il faut les choisir dans la première série, c'est-à-dire parmi la laine, la mousse, la paille, le bois, la pierre et non parmi les métaux. Et voyez quelle coïncidence remarquable : c'est là en effet l'ordre historique de l'emploi des matériaux comme parois d'habitation. Chez les peuplades primitives, on trouve des cabanes abritées et fermées par la mousse, les peaux de bêtes, le menu bois, etc. Plus tard sont venues la terre cuite, la pierre qui ont déjà une conductibilité plus grande; enfin aujourd'hui, le métal entre dans nos édifices non-seulement comme charpenterie, mais aussi comme couverture, et ceci appelle quelques réflexions. Les premiers constructeurs ont été bien inspirés dans le choix de leurs matériaux, au moins au point de vue de cette qualité physique qui nous occupe, et cependant ils n'étaient point guidés par des connaissances

scientifiques. Mais ils étaient conduits à se
servir des matières qui étaient à leur portée
et qui couvraient la surface du sol, c'est-
à-dire des matières d'origine organique ; or,
comme la nature, qui est le premier des
laboratoires de physique, a doté les animaux et les végétaux des *habits* les plus propres à les garantir des intempéries, l'homme,
en empruntant ces matières aux animaux et
aux végétaux, substituait la solution de la
nature à la sienne propre, dans l'impuissance
où il était, d'en trouver une par lui-même. Plus
tard, les besoins devenant plus étendus, et
d'un ordre plus élevé, on a fouillé la terre pour
y trouver la pierre ; la pierre, avec laquelle la
cabane est devenue maison et bientôt édifice.

Mais la difficulté augmenta ; la pierre se
laisse déjà mieux traverser par la chaleur ou
par le froid, que le bois et ses congénères.
Aussi, a-t-il fallu l'employer sous une plus
grande épaisseur, et la solution rationnelle du
problème de l'habitation est restée bonne.
Et aujourd'hui, Messieurs ? Ah ! aujourd'hui,
le bois s'exclut de plus en plus et le fer, le zinc

prennent sa place dans nos constructions ; or,
ce sont des métaux, c'est-à-dire des corps
très-bons conducteurs de la chaleur. Nous
voilà donc en pleine contradiction avec nos
principes sur le choix des matériaux. Aussi,
Messieurs, nous le savons tous, les toitures de
zinc ont pour effet, de rendre inhabitables, les
chambres situées dans les combles des maisons.
Et cependant, combien il eût été facile d'éviter
ces graves inconvénients. Pour cela, il eût fallu
que nos constructeurs connussent mieux les
données physiques de la question; ils auraient
vu alors, qu'il était possible, tout en maintenant l'emploi du zinc pour les toitures, si l'on
y trouve plus de facilité et d'économie, d'y as-
socier des corps très-mauvais conducteurs, solides ou gazeux, de manière à revenir aux solutions rationnelles de la nature. Voilà encore
une fois comment la science du constructeur
doit augmenter à mesure que le problème de la
construction se complique et s'éloigne de sa
simplicité primitive.

Quand nous aurons étudié les changements d'état que la chaleur produit dans

les corps, les variations de volume qu'elle
y détermine, la facilité plus ou moins grande
avec laquelle elle s'y propage, nous serons loin
d'avoir épuisé ce qui nous intéresse dans les
effets de cet agent si important. Une dernière
étude qui considère la chaleur sous sa forme
rayonnante, est encore féconde en applications
intéressantes. Sous ce point de vue, nous aurons à voir comment la chaleur peut se propager sans l'intervention d'aucun milieu matériel proprement dit, comment elle traverse
ce que nous nommons le vide, sous forme de
rayons; par exemple, comment elle parvient
du soleil à la terre dans l'espace de quelques
minutes pour apporter à notre monde l'élément le plus indispensable de son existence :
la chaleur et la lumière. En y regardant d'un
peu près, nous découvrirons dans ces rayons
de chaleur des aptitudes différentes, suivant la température du corps qui les engendre. Nous apprendrons à distinguer les
rayons calorifiques obscurs, ceux qui peuvent
donner la sensation de lumière, et enfin ces
rayons qu'on a appelés chimiques, en raison

des modifications permanentes qu'ils déterminent dans les préparations photographiques.
Il y a peu de temps encore, on pensait que ces
rayons étaient réellement distincts dans leur
origine comme dans leurs propriétés. Aujour-
d'hui la science a découvert le lien commun qui
rattache tous ces phénomènes : lumière, chaleur, fluorescence, phénomènes photographiques ne sont que des modes particuliers d'action d'une seule et même classe de rayons.
C'est ainsi, Messieurs, que l'étude de la science,
complexe d'abord par la distinction nécessaire
des éléments divers du sujet qu'elle embrasse,
se simplifie ensuite par la découverte des principes généraux. On peut le dire avec vérité,
une science profonde est toujours plus facile à
résumer et à vulgariser, qu'une science superficielle et qui débute.

Sans vouloir insister sur les applications de
ces théories, permettez-moi une courte excur-
sion sur un terrain qui n'est pas le mien, mais
où nous trouverons une intéressante intervention de ces principes ; je veux parler de nos
cheminées, et de leur disposition vicieuse

au point de vue du développement du foyer.
Nous verrons, à ce sujet, que les gaz se laissent traverser sans s'échauffer sensiblement
par les rayons calorifiques émanés des corps in-
candescents, tandis qu'ils absorbent en abondance les rayons que nous nommons de chaleur
obscure, et qui proviennent des corps portés à
une moindre température. Prenons par exemple
le soleil, ce corps d'un volume si considérable,
et dont la température est si élevée et le rayonnement si puissant. Eh bien, Messieurs, l'action directe du soleil sur notre atmosphère
est très-faible ; les rayons solaires traversent l'air sans l'échauffer sensiblement, surtout dans les régions supérieures qui sont
moins denses et plus sèches ; mais ces rayons
qui sont parvenus au sol élèvent sa température, et celui-ci rayonne à son tour ; c'est ce
rayonnement du sol, malgré la faible valeur
de sa température relative, qui produit presqu'entièrement l'échauffement de l'atmosphère.
Or, il se passe quelque chose d'analogue dans
nos cheminées. La flamme, si agréable pour
donner au feu de la physionomie et de la gaie-

té, agit fort peu pour échauffer l'air ; mais si son action directe est faible, son action indirecte est très-importante : elle échauffe les parois de l'âtre, les cendres, etc., et celles-ci agissent à leur tour de la manière la plus efficace pour élever la température de la pièce. Vous voyez dès lors, combien il est important de favoriser l'action de ces utiles auxiliaires, et combien on a eu tort de réduire les dimensions de nos cheminées à l'espace strictement nécessaire pour contenir le combustible, poussant ainsi jusqu'à ses dernières limites les inconvénients d'un mode de chauffage qui en présente déjà tant par lui-même. Je n'insiste pas. C'est là un exemple parmi beaucoup d'autres, que nous aurons à examiner, et je dois laisser ces considérations qui nous ont entraînés assez loin.

Mais je veux vous dire un mot d'une partie de la physique de création bien récente, et qui cependant a déjà reçu des applications si nombreuses, si importantes, qu'elle est devenue en quelque sorte populaire parmi nous. Vous avez

déjà nommé l'électricité. La découverte de l'électricité a été un fait immense. Les services que ce
nouvel agent a rendus aux sciences, à l'industrie, à la société en général, ne peuvent donner
qu'une faible idée de ceux qu'il est appelé à
rendre un jour. On pourrait comparer avec
justesse les avantages que les civilisations de
l'avenir pourront retirer de l'usage de l'électricité, à ceux que les premiers hommes retirè-
rent de la découverte du feu, Et du reste, si le
temps me le permettait, je pourrais vous montrer les saisissantes analogies de ces deux
grands agents de la nature. Vous verriez que
l'électricité n'est qu'une forme particulière de
chaleur ou de feu ; mais un feu en tous points
supérieur, car c'est le feu le plus prompt, le
plus docile, le plus actif, le plus puissant, le
plus irrésistible, en un mot, c'est le feu de la
science, et ce sera celui des sociétés hautement
civilisées.

Il nous sera donc impossible de ne pas nous
arrêter quelque temps à l'étude de cette mer-
veilleuse électricité, mais comme nos moments
sont comptés, nous nous occuperons surtout

des principes qui sont nécessaires à l'intelligence de ses applications les plus importantes,
et parmi ces applications, nous aurons très-na-
turellement à insister beaucoup sur la théorie du
paratonnerre et sur les phénomènes qui s'y rattachent. Il serait en effet, Messieurs, bien à désirer,
que de saines notions sur l'électricité atmosphérique et le paratonnerre fussent plus répandues.
Malgré les efforts de l'Académie des sciences et
des savants, il faut avouer que cet appareil si
utile, est encore trop peu employé ou qu'il l'est
souvent d'une manière dangereuse. Combien
voyons-nous de paratonnerres, même sur les
monuments publics, dont les conducteurs sont
insuffisants, mal entretenus, ou mis en rapport d'une manière tout à fait illusoire avec la
terre ; combien même, encore aujourd'hui,
de ces cas d'incendies dus à la foudre; combien de personnes blessées, tuées même, par
suite de l'ignorance des précautions les plus
simples. Eh bien, pour répandre de saines idées
sur la nature de la foudre, pour signaler et décrire ces effets si divers d'électricité atmosphérique qui se produisent tous les jours et qui

sont perdus pour la science, faute d'être re-
cueillis, il faut que tous les hommes instruits
possèdent de bonnes notions sur l'électricité.
Mais cela est surtout important pour les architectes et les ingénieurs qui doivent savoir proté-
ger leurs propres constructions.

La théorie du paratonnerre suppose la connaissance des grands faits d'électricité atmosphérique. A ce sujet, nous aurons à voir comment la chaleur solaire, principalement par
les phénomènes d'évaporation qu'elle détermine
dans les régions équatoriales du globe, paraît
être la cause qui constitue, l'atmosphère d'une
part, l'Océan et la terre de l'autre, dans des
états électriques opposés. Nous verrons comment l'équilibre électrique une fois troublé, doit
être rétabli, et comment il se rétablit en effet,
soit avec violence dans les régions chaudes ou
tempérées du globe, sous forme d'orages, de
trombes, etc., soit, au contraire, dans les régions glacées, par le beau et tranquille phénomène des aurores polaires.

J'aurai aussi, Messieurs, à vous parler de l'a-

coustique, que le constructeur est appelé à con-
sulter tout spécialement. Tel problème d'acoustique peut devenir, dans certains cas, le but
principal que doit se proposer l'architecte. Je
puis vous citer les théâtres, les salles de concert,
les salles de cours, les salles pour les assem-
blées délibérantes, etc.; en un mot, les édifices
où un grand nombre de personnes se réunissent dans le but d'une audition ou d'un spectacle déterminés. Si les solutions enseignées
par l'expérience étaient complétement satisfai-
santes, on pourrait se demander de quelle utilité serait ici la science, et si elle ne sera pas
condamnée à ratifier purement et simplement
les principes enseignés par une longue et habile
pratique. Cela est, en effet, arrivé quelquefois;
mais dans ce cas même, la science n'a-t elle pas
encore un beau rôle. Savoir pourquoi on agit
de telle ou telle manière, mettre une raison à
la place d'un fait est toujours chose utile. Mais
l'art n'en est pas là, et de l'avis des hommes
les plus autorisés, nos salles de réunions publiques ne nous présentent que des solutions
bien défectueuses, et souvent inacceptables

sous le rapport de l'acoustique J'emprunterai
ici, en ces matières, l'autorité du Directeur de
cette École. Voici ce qu'il disait de ces édifices
il y a quelques années, en parlant des théâtres :

« La souffrance du spectateur dans nos salles
» de spectacle est notoire. Actuellement le spec-
» tateur :

» Est soumis à une température générale-
» ment beaucoup trop élevée, et jamais réglée ;

» Il respire un mauvais air ;

» Il entend mal dans un grand nombre de
» places ; et dans toutes nos salles, même dans
» les meilleures, le son se répartit inégale-
» ment ; »

. . . .

Et ailleurs :

« On cite à Paris, quelques bonnes salles
» sous le rapport de l'audition ; mais on en cite
» beaucoup où l'on entend mal à presque toutes
» les places un peu éloignées de la scène. Eh
» bien, si l'on fait abstraction du jugement
» comparatif, qui porte encore à considérer
» comme bonnes, les meilleures de nos salles ;

» si l'on examine de près les choses, si l'on par-
» court dans tous les points, et dans une même
» soirée, la salle de l'Opéra, qui passe pour la
» plus parfaite, on est frappé de la différence
» de clarté avec laquelle la voix du chanteur
» parvient aux diverses places, et surtout aux
» diverses hauteurs. Cette différence est ex-
» cessive, et quoi qu'on ait dit, il y a de nom-
» breux endroits où l'on entend très-mal, il y
» en a d'autres où l'en entend parfaitement, et
» ceux-là sont quelquefois très-éloignés de la
» scène ; je citerai la loge affectée aux élèves
» du Conservatoire (5e rang) » [1].

Pourrai-je ajouter ici mon témoignage, et
dire que j'ai constaté des résultats aussi peu
satisfaisants dans la plupart des théâtres que
j'ai visités en France, en Angleterre, en Italie
et en Amérique.

Sous le même rapport, nos amphithéâtres
laissent beaucoup à désirer. Vous consulterez
plus tard à ce sujet, le livre de notre collègue,
M. Lachez, sur l'*Acoustique et l'optique des*

---

[1]. Emile TRÉLAT, *le Théâtre et l'Architecte.*

salles de réunion publique, et vous y trouverez
d'excellentes idées suggérées à l'auteur par l'é-
tude des principes positifs de la science. Mais
ne croyez pas que la question de l'acoustique
intervienne seulement dans l'édifice public;
nous la retrouvons encore quand il s'agit de
constructions particulières. Depuis que la valeur
croissante de l'espace dans nos grandes villes
a imposé la nécessité de réunir sous un même
toit, un grand nombre de familles étrangères
l'une à l'autre; depuis que les pièces ont
diminué en étendue et en hauteur pour augmenter en nombre, et que toutes les parois de
séparation, planchers et cloisons, sont devenues plus minces; depuis surtout que le fer s'y
est introduit d'une manière si large, nos habitations présentent une sonorité intolérable à
laquelle il est urgent d'apporter le plus
prompt remède. Sur ce point, presque tout
est à faire. Il sera très-intéressant de reprendre ces questions en s'aidant des données positives de la physique, et je ne fais
aucun doute qu'on soit ainsi conduit à des
solutions toutes nouvelles, en harmonie avec

les exigences et les ressources de notre époque.

On a dit avec raison que la lumière est à la vue ce que le son est à l'ouïe ; aussi l'étude de l'acoustique nous conduira-t-elle de la manière la plus naturelle à celle de la lumière, étude sans laquelle ce cours serait incomplet. La science et l'industrie nous ont donné dans ces derniers temps des sources de lumières très-puissantes. C'est d'abord la lumière électrique, comparable par son intensité à la lumière solaire ; puis la lumière produite par la combustion des hydrogènes carbonés ; enfin celle qui est fournie par les huiles minérales de provenances diverses, etc. Il faut sans doute s'applaudir de ces nouvelles conquêtes, cependant un peu compromises par l'ignorance des principes de la physique et de l'hygiène. On n'a pas assez compris que la question d'éclairage est surtout une question de mesure, et même, comme nous le verrons, une question de qualité, et que si l'on augmente sans limites, l'intensité d'un éclairage, on se jette dans une voie fausse et pleine de périls ; loin d'ajouter à

la netteté de la vision, on la compromet par l'ir-
radiation; au lieu d'obtenir un effet agréable,
on produit un sentiment de gêne et de fatigue.
Ce sont là surtout, Messieurs, il faut le dire,
les conditions fâcheuses de l'éclairage in-
dustriel et commercial. Dans les magasins de
vente, la lumière est prodiguée de la manière
la moins intelligente: des rangées de becs disposés en batteries envoient d'énormes quantités
de lumière sur les étoffes blanches d'une montre de nouveautés ou sur le métal poli de pièces d'orfèvrerie. Dans ces conditions, pour
le public, la *vision* c'est l'éblouissement, et
pour les personnes attachées à ces établissements, la fatigue suivie bientôt de maladies
dans l'organe, qu'on a traité avec un oubli
si complet des exigences de ses fonctions.
Je vous le demande, Messieurs, est-ce que
si des artistes instruits étaient chargés de
disposer un éclairage semblable, ils procéde-
raient ainsi? Est-ce que leur goût tout d'abord
ne leur dirait pas que la mesure, le choix, la
bonne disposition sont des qualités qu'on doit
rencontrer ici comme partout ailleurs? Ne

seraient-ils pas conduits, au lieu de chercher de la puissance, sans mesure et sans art, à approprier l'intensité lumineuse aux objets, à chercher des oppositions de tons agréables, à fuir surtout ces points radiants si fatigants pour la vue? En agissant ainsi, on mettrait d'accord l'art, la science, l'hygiène, et sans doute aussi l'économie.

Vous remarquerez, Messieurs, que j'envisage ici la question de l'éclairage au point de vue de l'art. C'est qu'en effet, la lumière est le grand moyen dont l'artiste dispose pour faire valoir ses créations. Aussi, qui plus que l'architecte doit régler cette question importante? J'ai toujours remarqué, qu'en fait de lumière, ce qui est agréable, harmonieux, est aussi pleinement d'accord avec la science et l'hygiène. Voilà pourquoi il me semble si désirable que les architectes possèdent ces principes de physique et de physiologie qui les guideront utilement, et au besoin leur permettront de parler au nom de la science comme au nom de l'art, pour réformer les pratiques mauvaises.

Dans les usages domestiques, la lumière est

souvent mal employée, surtout quand il s'agit du gaz et des huiles minérales. Il faut que nous apprenions à utiliser ces ressources précieuses, mais qui demandent à être maniées avec certaines précautions. Pour établir les règles d'une bonne hygiène de la vue, une des connaissances les plus indispensables est celle des propriétés physiologiques des différents rayons dont la lumière blanche est formée. Nous aurons à insister sur ce point. Nous verrons, par exemple, que parmi tous les rayons que la flamme d'une lampe nous envoie, la majeure partie est inutile à la vision et nuisible à l'organe. Il est vrai que l'œil est si admirablement constitué, qu'il élimine dans la mesure du possible, tout ce qui est étranger à sa fonction; mais il en résulte toujours une intervention trop active des milieux protecteurs de l'organe, surtout s'il s'agit de sources trop riches en rayons chimiques et calorifiques obscurs, comme par exemple, la lumière du gaz et des huiles minérales. L'analyse de la lumière dans ses rapports avec le sens de la vue, nous conduira à définir les qualités physiques que doit posséder une source lumineuse pour réunir les meilleures conditions hygiéniques; c'est ce que j'ai proposé de nommer les *qualités physiologiques d'une lumière.* Cette définition bien comprise, il sera intéressant de passer en revue nos principales sources de lumière artificielle, la chandelle, la bougie, la lampe à l'huile végétale ou minérale, le gaz, la lumière Drummond, la lumière électrique. Nous pourrons alors classer aussi bien au point de vue hygiénique et physiologique, qu'au point de vue économique, la valeur de ces sources. Mais un des principaux avantages que nous en retirerons ce sera de formuler l'ensemble des précautions que chaque genre d'éclairage privé ou public réclame, et d'indiquer les moyens qui permettent de se servir, sans danger, d'une source de lumière donnée.

Telles sont, Messieurs, les principales parties de la physique qui formeront l'objet de nos études. J'ai voulu vous indiquer plutôt l'esprit de notre programme, que vous en donner une analyse détaillée. Mais ce que j'en ai dit suffira, je l'espère, pour vous montrer tous les secours que cette science peut apporter à l'architecture.

En résumé, Messieurs, l'art se trouve aujourd'hui en présence d'un état de choses qui doit vivement le solliciter. Il rencontre d'une part, les besoins nouveaux, nombreux, bien définis d'une société qui se développe rapidement ; d'autre part, des ressources illimitées qu'il peut emprunter aux sciences et à l'industrie. Que l'architecture donc s'inspire de ces besoins, qu'elle s'empare de ces ressources, et qu'elle dégage de ces éléments, un art qui nous intéresse, parce qu'il sera l'expression de nos mœurs et de nos idées.

CHAIRE DE GÉOLOGIE

PROFESSEUR : M. SIMONIN

LEÇON D'OUVERTURE

Messieurs,

Ceux d'entre vous qui ont appris la langue d'Homère ne peuvent être embarrassés de définir la science que nous allons étudier. La géologie tire son nom des deux mots grecs γῆ (terre) et λόγος (discours); c'est donc la *science de la terre.*

Cette définition doit être prise dans son acception à la fois la plus générale et la plus élevée. La géologie a pour but l'histoire de la formation de la terre. Elle étudie la nature et

11

la disposition des substances qui composent notre globe, les circonstances au milieu desquelles elles ont été engendrées. Portant plus loin ses vues, elle fixe l'origine de la terre, elle suit le développement, la transformation des êtres dans les diverses étapes que la vie a parcourues depuis l'apparition du premier germe; elle marque les révolutions que notre planète a subies; elle calcule son âge, elle va jusqu'à déterminer son état futur et sa fin.

C'est là un immense domaine, Messieurs, et nous ne pourrons le visiter en entier. Je sépare même à dessein de la géologie des sciences sœurs que certains maîtres y rattachent : la géographie, qui a pour but la description de la terre actuelle; l'hydrologie et l'hydrographie, sciences des eaux; la physique du globe et avec elle la météorologie, qui étudient les phénomènes naturels dont notre terre est le théâtre; enfin, la géodésie, dont l'objet est de mesurer, de projeter les contours du globe, et de le rattacher au monde astronomique qui peuple l'étendue infinie.

Tout en séparant de la géologie ces sciences

qui en dépendent, notre champ reste encore trop vaste ; car c'est une observation à faire, que les sciences vont se dédoublant, se scindant, à mesure que les découvertes nouvelles, dues à l'incessante activité de l'esprit humain, les étendent et les complètent. La physique, la chimie, l'astronomie, comprennent chacune aujourd'hui bien des branches distinctes. Il en est de même pour la géologie, née cependant d'hier, comme tant d'autres sciences.

Dans l'histoire de la formation de la terre, voulez-vous seulement étudier l'origine, la naissance de la planète, les circonstances au milieu desquelles les matières qui la composent se sont formées, les révolutions qu'elle a subies ? Vous entrez dans le domaine de la *géogénie*. Tous les philosophes, depuis Thalès, s'étaient égarés dans ces hautes spéculations ; il était réservé à la chimie et à l'astronomie moderne, nées avec Lavoisier et Laplace, d'éclairer définitivement une route qui paraissait sans issue.

Voulez-vous au contraire ne suivre que le développement, les modifications des diverses

formes revêtues par la vie à travers le cycle
géologique ? C'est à la *paléontologie*, cette science
des êtres éteints, fondée par les Cuvier et les
Brongniart, que vous demandez des enseignements.

Faut-il enfin se borner à la connaissance des
masses minérales, qui composent l'écorce terrestre, en étudier la nature, la distribution,
l'arrangement? C'est alors à la géologie proprement dite que vous vous adressez, à cette partie de la science que le mineur saxon Werner,
un de ses plus illustres fondateurs, appelait au
siècle dernier du nom de *géognosie*, pour en indiquer nettement le but avant tout pratique.
C'est là, messieurs, la partie de la géologie que
nous avons à parcourir ensemble.

Dans les leçons qui vont suivre, nous bornerons presque toujours notre étude à la connaissance des masses solides qui composent les
matériaux dont le globe est bâti.

Ces masses sont ce qu'on appelle les *roches ;*
les éléments constitutifs des roches sont les
minéraux.

L'examen des roches, fait au point de vue

que je viens d'établir, donne lieu à une science qu'on peut nommer la *lithologie* ou *l'étude des pierres*. C'est celle qui est surtout utile à l'architecte, qu'il lui est même indispensable de connaître, car les roches fournissent tous les matériaux qu'emploie l'art de bâtir. C'est la partie la plus modeste, mais en même temps la plus sûre de la géologie.

L'étude spéciale des minéraux forme l'objet de la *minéralogie* et incidemment de la *cristallographie*, quand on examine l'individu minéralogique, le cristal, dans sa forme géométrique et constante. Mais nous n'emprunterons à ces deux sciences nouvelles, que certaines données particulières, sans lesquelles nous ne saurions définir et classer les roches.

Considérées sur toute l'*étendue* qu'elles occupent, et d'après le *mode* et l'*époque* de leur formation, les roches prennent le nom de *terrains*. On peut dire que la géologie est la *science des terrains*. On peut même donner de l'objet de de nos communes études, une définition imagée. Les masses minérales solides forment comme la charpente ou plutôt le squelette du globe. La géologie les sépare, les classe, en fait en quelque sorte la dissection ; nous dirons donc de cette science que c'est l'*anatomie des terrains*.

Je n'ai pas besoin, Messieurs, de m'étendre longuement sur l'utilité de la géologie, étudiée sous l'un quelconque des points de vue que je vous ai fait connaître. Dans l'application, l'ingénieur, pour la découverte et l'exploitation des minéraux usuels, pour la recherche des eaux souterraines, pour l'établissement des voies de communication : routes de terre, chemins de fer, canaux, s'inspire des leçons de la géologie. L'agronome, l'agriculteur, empruntent également à cette science quelques-unes de ses données : la terre végétale n'est formée en majeure partie que des détritus, de la désagrégation de roches préexistantes et encore en place. Le militaire, pour l'assiette des camps, l'attaque ou la défense des places ; le marin, pour la reconnaissance des côtes, des attérissements, des *aiguades* (endroits où l'on fait de l'eau), et j'ajouterai pour l'exploration de pays encore vierges, ont tous quelque besoin de la géologie. J'en dirai autant du chimiste pour la connaissance exacte des minéraux qu'il analyse, et du médecin pour celle des eaux thermales. L'aspect d'un pays est aussi quelquefois lié à ses maladies endémiques, et ce fait n'avait pas échappé au père de la médecine, à Hippocrate.

L'artiste lui-même peut également recourir à la géologie, non sans grands avantages : le peintre, pour mieux définir ses paysages, où le sol joue un rôle important, souvent mal interprété faute de connaissances suffisantes ; le sculpteur, pour mieux choisir ses marbres ou son argile ; et l'architecte, Messieurs, — est-il nécessaire de le répéter ? — pour le bon emploi, et, s'il le faut, pour la découverte des matériaux de construction.

Maintes fois les grands architectes, les grands sculpteurs italiens, cette brillante pléiade de la Renaissance qui a Michel-Ange à sa tête, se sont rendus à Carrare pour y diriger l'extraction des marbres dont ils avaient besoin. Michel-Ange a même découvert de nouveaux gîtes encore aujourd'hui exploités.

Tout récemment, l'architecte qui dirige les travaux du nouvel Opéra de Paris a fait à son tour ce pèlerinage de Carrare, et vous voyez, Messieurs, par ces exemples, que la géologie peut servir de vestibule à l'architecture, ou tout au moins préparer l'architecte à cette connaissance intime des matériaux de construction et de leur gisement, qui me paraît comme le préliminaire indispensable du grand art de bâtir.

C'est là le côté pratique, en quelque sorte matériel, de la science; mais n'a-t-elle pas aussi, comme l'art, un but élevé, et si vous voulez théorique, qui prête à réfléchir et agrandisse le domaine des spéculations de l'esprit? Oui, Messieurs, et sous ce rapport la géologie est même bien dotée. Comme elle a pour mission d'expliquer non-seulement l'origine du globe, mais encore celle des êtres, vous devinez que la religion, la philosophie, l'histoire la poésie, peuvent lui emprunter plus d'une heureuse inspiration. Qui ne connaît les théogonies de l'Inde, de la Judée, de la Grèce, de Rome? Elles débutent toutes par une dissertation sur la formation du globe et la naissance des êtres, et ces préliminaires résument les connaisances géologiques alors si bornées de l'antiquité.

Descendant de la religion à l'histoire, il me serait facile de prendre des exemples autour de nous, de vous citer Ampère, Michelet, expliquant les mœurs et les évolutions des races par les caractères géologiques des pays où elles se sont développées. Il me serait aisé de montrer aussi le plus grand de nos prosateurs actuels (le mot n'a pas de féminin), étudiant la science de la terre, pour surprendre, dans le grand livre de la nature, quelques-uns des secrets qui nous sont encore inconnus, ou jeter comme un charme de plus dans la description de ces grands paysages dont George Sand a semé tant de ses romans.

Si la littérature peut s'aider des connaissances géologiques, celles-ci sont également utiles à l'administrateur et à l'économiste. La constitution géologique, déterminant la physionomie des habitants d'un pays et jusqu'à leur histoire, règle à plus forte raison l'aspect et les productions naturelles de ce pays.

C'est la géologie qui a poussé M. Michel Che-

valier aux États-Unis; vous savez ce qu'il en est
revenu, l'un des premiers économistes de notre
temps. Dans ce pays, ce sont les *géologues
d'État*, comme on les nomme, qui parcourent
les premiers les forêts vierges, le mystérieux
Far-West, pour les livrer ensuite au colon.

Enfin l'hygiène du corps et de l'âme se ressen-
tent également bien des études dont nous par-
lons. En nous rapprochant des grands spectacles
de la nature, en nous faisant vivre au milieu des
hautes montagnes, des profondes vallées et de
leurs populations primitives, les courses géologiques donnent au corps et à l'esprit comme
une trempe vigoureuse. On rajeunit à ces fortes
études. Plus que septuagénaires, les Brongniart,
les Cordier, dont le Muséum déplore la perte,
avaient encore, comme ils disaient eux-mêmes,
le *pied géologue*. Le doyen des savants de notre
temps, à quatre-vingt-quatre ans passés,
M. d'Omalius d'Halloy, fait encore de longues
excursions. Chargé en Belgique, son pays, d'une
des plus hautes fonctions que puisse remplir
un citoyen, il trouve le temps de mêler la
science à la politique, et de joindre, cela peut

se dire ici sans image, les fatigues du corps à
celles de l'esprit. Je vous souhaite à tous, Messieurs, une aussi grande science et une aussi
belle vieillesse.

J'ai dit que la constitution géologique réglait
l'aspect et les productions d'un pays, la physionomie des habitants et jusqu'à leur histoire ; le
caractère des constructions monumentales ou
privées en dépend à plus forte raison.

Il ne sera peut-être pas hors de propos de
prouver par des exemples la vérité de ces
diverses assertions, qui pourraient paraître
étranges à ceux qui ne croient pas en ethnologie
à une certaine *influence des milieux.*

Michelet appelle quelque part la Bretagne
une terre de granit, de quartz et d'ardoise, et
attribue à l'âpreté de son sol l'esprit d'opposition, de résistance, dont ses habitants ont fait
preuve à tant d'époques de son histoire. Brizeux,
le poëte armoricain, définit à son tour son
pays :

La terre de granit recouverte de chênes.

M. Élie de Beaumont, le fondateur de la

géologie française, a fait remarquer en maints passages de ses savants écrits que ces expressions *la Beauce, la Brie, la Sologne, le Morvan, la Champagne, l'Ile de France, l'Ardenne,* etc., ne sont pas seulement des expressions géographiques, et désignent autant de formations géologiques différentes. La plupart de ces noms remontent aux premiers jours de notre histoire, tant l'aspect particulier de ces régions avait frappé l'esprit des populations indigènes. Le paysan ne dit-il pas encore de nos jours, en citant une contrée, c'est un pays de *châtaignes,* de *forêts,* de *vignobles,* de *prairies?* Ne vous étonnez pas, Messieurs, s'il y a sous chacun de ces mots une constitution géologique spéciale, ce que l'homme du monde exprime à son tour par les expressions un peu plus précises de pays de *granit, d'ardoise,* de *calcaire,* de *craie,* de *marne, d'argile,* etc.

J'allais oublier un de ces pays, Messieurs, mais j'y reviens, car il a une importance capitale à notre époque industrielle, c'est le *pays de charbon,* le *pays noir,* comme l'appellent les Anglais. Nos voisins disent aussi les *Indes noires,* par allusion aux richesses qu'ils retirent du combustible fossile, et aux pays qu'il a fécondés. Voyez d'ici Birmingham, Sheffield, Manchester, Liverpool, Newcastle, Sunderland, Newport, Cardiff, Swansea, c'est à la houille que tous ces centres industriels, que tous ces grands ports de mer doivent leur prééminence. En France, Saint-Étienne, Saint-Chamond, Rive-de-Gier, Alais, Bessèges, le Creusot, Anzin, Denain ; en Belgique, Liége, Namur, Charleroi, Mons, ont été également créés ou développés par la houille, qui a donné en même temps à toutes ces populations de mineurs charbonniers des habitudes et un caractère distinctifs.

N'êtes-vous pas encore suffisamment convaincus, Messieurs, que la structure du sous-sol peut régler jusqu'à l'aspect extérieur d'une contrée, jusqu'aux mœurs de ses habitants ? D'autres exemples frapperont peut-être mieux votre esprit.

L'existence de quelques roches, propres à la sculpture, à l'architecture, à l'ornement, a fait de Carrare et de Volterre, en Italie, des centres

artistiques des plus curieux. M. A. Burat, mon
excellent maître, a remarqué le fait avant moi.
« A Carrare, dit-il, tout le monde est sculpteur. » A Volterre, le travail de l'albâtre s'est
aussi perpétué de père en fils, depuis trois
mille ans. Depuis que les Étrusques ont apporté
en Italie les rudiments des beaux-arts, les Vol-
terrans exploitent leurs carrières d'albâtre.
Aujourd'hui encore ils travaillent cette matière
avec tant d'art, que les objets sortis de Volterre
se répandent dans le monde entier. Autour de
nous ne voyons—nous pas la découverte du
Kaolin, l'argile à porcelaine, fixer à Limoges,
dès le milieu du siècle passé, une importante
fabrication; et tout récemment celle du marbre onyx, si estimé jadis des Romains, et
retrouvé dans notre colonie algérienne, pro-
voquer à Paris, où on l'apporte brut, la naissance d'une industrie spéciale?

Mais c'est surtout sur l'art des constructions
que réagit la structure souterraine d'un pays.
Cette observation n'avait pas échappé à l'esprit
si pénétrant de Cuvier. Athènes est au pied
des montagnes de marbre; Rome a emprunté

au travertin, calcaire tendre, poreux, prenant bien le mortier, se laissant facilement tailler, durcissant à l'air, la plupart de ses monu-ments. Paris doit à ses carrières de pierre de taille, d'argile, de plâtre, de craie, de ciment, de sable et de gravier, ses innombrables constructions. C'est grâce à tant d'heureux éléments, rassemblés là comme par miracle, qu'on a pu sous nos yeux jeter pour ainsi dire la capitale à bas, et la rebâtir à nouveau.

Sur d'autres points, l'exploitation de quel-ques pierres, propres aussi à la construction, a développé de vastes industries, qui envoient leurs produits dans tout l'univers. Qui ne con-naît les ardoises d'Angers, des Ardennes, les tuiles et les briques de Bourgogne?

Irai-je maintenant, Messieurs, par des exem-ples différents, vous montrer que la géologie d'un pays influe même sur son histoire? Mais les plus grands noms de bataille dévoilent la physionomie géologique d'un pays.

Les Thermopyles vous dénoncent les mon-tagnes ardues, sauvages, au milieu desquelles tomba Léonidas; Gergovie, Alésia, les crêtes à pic sur lesquelles le Gaulois Vercingétorix, notre ancêtre, s'était abrité contre les attaques de César, comme dans une forteresse imprenable. J'ai vu, dans le Saône-et-Loire, les ruines des deux autres camps retranchés des Gaulois, Rème et Rome, pitons jumeaux, en face l'un de l'autre, ainsi nommés sans doute par quelque plaisant centurion. L'endroit est sur la limite de la Bourgogne et du Mâconnais, c'est ce qu'on pourrait appeler dans la carte géologique et physique de France un *point singulier*, comme dans les courbes mathématiques; c'est là que passe la grande ligne divisoire entre les eaux qui se rendent à l'Océan et celles qui descendent à la Méditerranée.

Dans les plaines de la Lombardie, dans celles de l'Allemagne, tous les noms des grandes batailles de l'Empire dénotent des situations que le géologue retrouvera facilement sur les cartes.

Voyez autour de Paris, en allant vers le Rhin, le seul point d'où peut venir pour nous une attaque sérieuse, ces lignes naturelles de défense; chacune indique la ligne de séparation de deux terrains géologiques, chacune porte un nom de bataille que l'invasion de 1814 ou les guerres de la République ont rendu famcux. C'est Montereau, Montmirail, Champaubert, Valmy et Brienne ; les défilés de l'Argonne, Bar-sur-Seine, Bar-sur-Aube, Ligny, Toul, Verdun, Longwy et Montmédy, sextuple circonvallation opposée par la nature aux incursions de l'Europe occidentale vers un point qu'elle n'a pris qu'une fois.

Je vous ai annoncé, Messieurs, que le cours que j'avais à vous faire serait avant tout pratique. Nous ne traiterons que de la distribution dans l'écorce terrestre des roches propres à fournir des matériaux de construction. Nous laisserons de côté toute la partie spéculative de la géologie, celle qu'on pourrait appeler philosophique, et qui méritait naguère encore le nom de mythologique, tant elle restait obscure et nébuleuse, je veux dire les théories cosmogoniques, les discussions bibliques, etc.

Nous ne nous passionnerons non plus pour aucune école, ni pour l'école que j'appellerai *révolutionnaire* ou des *soulèvements*, si grandement inaugurée par Cuvier et M. Élie de Beau-

mont, et qui admet dans les périodes géologiques comme en histoire, des époques de calme
et de révolution; ni pour l'école que je nomme-
rai *pacifique* ou des *causes actuelles*, qui veut
que tout se soit accompli en ce monde avec paix
et lenteur, suivant l'axiome de Linnée que la
nature ne fait pas de sauts, *natura non facit
saltus*. Cette école, qui a eu autrefois à sa
tête un savant français, Constant Prévost, est
aujourd'hui glorieusement défendue par un
géologue anglais, M. Lyell : une partie des
géologues français suivent aussi volontiers
cette bannière. Pour nous, nous n'en suivrons
aucune, et bien que mes préférences, je ne
le cache point, soient pour l'école des soulèvements, nous ferons en géologie, comme
M. Cousin en philosophie, de l'éclectisme; c'est
peut-être le meilleur parti. Encore plus renon-
cerons-nous à parler d'autres systèmes préçon-
çus, moins solides que les précédents. Et surtout nous nous garderons d'imiter ces savants
de cabinet qui, semblables aux moines du Bas-
Empire, ergotent sur des infiniment petits, sur
des terrains microscopiques, et façonnent la

terre sur le modèle des bassins de Londres ou de Paris.

La géologie positive, qui occupe aujourd'hui un rang si distingué dans les sciences naturelles, est née d'hier, Messieurs. Il y a un siècle à peine que Guettard, Monnet, Lavoisier, à des titres divers, en jetaient les bases en France; venaient ensuite, en Angleterre, Hutton et Smith; en Allemagne, Werner. Après eux arrive une phalange serrée qui reconnaît pour chefs Cuvier, Brongniart, MM. Élie de Beaumont et Dufrénoy, en France; M. d'Omalius d'Halloy, en Belgique; De la Bèche, Buckland, Sedgwich, MM. Murchison et Lyell, en Angleterre; Humboldt et de Buck, en Allemagne. La science a été brillamment fondée par cette pléiade d'observateurs; de l'état d'incertitude où elle se débattait, elle est tout à coup entrée dans le domaine des faits positifs. Elle y est entrée si décidément, que l'on pourrait citer nombre de vaillants soldats presque aussi illustres que les chefs que j'ai nommés.

Les leçons de tous ces maîtres ont eu pour premier résultat d'asseoir sur des bases presque définitives la classification générale des terrains.

Les géologues divisent aujourd'hui les terrains en deux familles principales : les *terrains éruptifs* et les *terrains sédimentaires*. Les premiers, composés de matières ordinairement cristallines et d'apparence vitreuse, semblent avoir été fondus et solidifiés sur place. Ils se présentent en masses souvent énormes, remarquables par l'élévation, la rudesse, l'acuïté de leurs contours; ils forment comme les fondements et les chaînons de l'édifice géologique; ils sont fissurés, mais irrégulièrement; enfin ils ne renferment aucune trace de plantes ou d'animaux contemporains de l'époque de leur formation.

Les seconds sont en masses plates, continues, séparées par des joints parallèles comme les assises d'une immense muraille. Ils contiennent des sables et des galets agglutinés, des empreintes ou des restes de plantes, de coquilles, d'ossements. Ils sont adossés aux terrains précédents, et paraissent souvent constitués de leurs débris. Ils présentent tous les

caractères de dépôts formés sous les eaux. En
beaucoup de cas, ils ont été soulevés, dis-
loqués par l'apparition des terrains éruptifs.
Tandis que ces derniers, examinés sur une
grande étendue, n'offrent qu'une sorte d'alignement plus ou moins régulier, les terrains
sédimentaires ont non-seulement une *direction* qui reste sensiblement la même dans le
même lieu, mais encore une *inclinaison* obéis-
sant à la même loi ; et quant à l'épaisseur des
masses qui les composent, elle est aussi à peu
près constante pour chacune d'elles. Ces masses
ainsi considérées sont ce qu'on nomme les
strates, et l'on appelle *stratigraphie* cette partie
de la géologie qui a surtout en vue l'étude des
terrains sédimentaires par rapport à l'ordre de
superposition des strates.

Les terrains sédimentaires portent souvent
le nom de terrains *stratifiés, aqueux* ou *neptuniens.* On dit qu'ils sont *marins, fluviatiles*
ou *lacustres,* suivant que leur dépôt a eu lieu
dans une mer, un fleuve ou un lac. On les
nomme *terrains de transport* quand les divers
éléments qui les composent ont été violem-

ment roulés, charriés, avant de se déposer.

A leur tour les terrains éruptifs s'appellent aussi *massifs, ignés* ou *plutoniens.* Le feu, ou du moins une température élevée, a joué le principal rôle dans la formation de ces terrains. Les terrains *volcaniques* sont de la famille des terrains éruptifs.

Il est deux autres sortes de terrains purement accidentels, qui ne sont même que des variétés des précédents, mais que je ne saurais passer sous silence, ce sont les *terrains métamorphiques* et les *terrains filoniens.* Les premiers sont des terrains sédimentaires modifiés, transformés, en un mot *métamorphosés,* souvent sur de très-grandes étendues, par l'apparition des terrains éruptifs ou par des phénomènes analogues. Les seconds ne sont le plus souvent autre chose que des terrains éruptifs sur une très-petite échelle, et tirent leur nom de ce qu'ils comprennent toutes les roches en filons, pierreuses ou métallifères.

Ces mots de plutoniens et de neptuniens ont sans doute réveillé chez vous, Messieurs, le souvenir des vieilles querelles géologiques,

dont vous avez peut-être lu l'histoire dans les
livres, car, grâce à Dieu, elles n'ont pas eu lieu
de notre temps. Elles sont maintenant assou-
pies ; et il n'était pas trop tôt, elles avaient
commencé avec le monde. Les écoles de Chaldée
les avaient transmises à l'Égypte et à la Grèce,
où Thalès et Héraclite furent les plus illustres
champions de ce grand débat. Il s'agissait de
savoir lequel de ces deux éléments, le feu ou
l'eau, avait donné naissance à la terre ? Grave
question. Thalès penchait pour l'eau, Héraclite
prônait le feu.

Les Romains, gens pratiques, moins ergo-
teurs que les Grecs, adoptèrent, avec l'école
de Pythagore, les deux éléments à la fois. Lu-
crèce, Virgile, Ovide, ont écrit là-dessus de fort
beaux vers.

Dès l'époque moderne, les vieilles discussions
géogéniques se raniment avec Bernard Palissy,
le *potier de terre*, puis avec Descartes, Sténon,
et après eux Leibniz. Les uns penchaient pour
le feu, les autres pour l'eau.

Buffon continua la discussion, et Voltaire in-
tervint un moment dans la querelle pour y

mêler ses moqueries acerbes et ses erreurs scientifiques.

Les luttes étaient redevenues assez calmes, quand l'Écossais Hutton et l'Allemand Werner, vers la fin du siècle dernier et le commencement de celui-ci, ravivèrent le débat. L'un arborant la bannière de Pluton et de Vulcain, et l'autre celle de Neptune, ils divisèrent de nouveau, pendant longues années, le monde géologique en deux camps. Vers cette même époque, Smith posait en Angleterre les bases de la stratigraphie, et détruisait heureusement ce que les théories huttoniennes avaient de trop absolu.

De même en Allemagne, Humboldt et Léopold de Buch, élèves tous deux du grand Werner, devaient peu à peu débarrasser les théories du maître de ce qu'elles offraient d'erroné et de préconçu. Un compromis s'est enfin établi entre les deux écoles, et les débats ont pris à cette heure une autre direction, car il faut toujours qu'on discute.

Plutonistes et neptuniens se donnent désormais la main. Il est admis à peu près sans conteste que le feu et l'eau ont joué également un rôle dans la formation de notre planète, et, comme le dit Béranger, que l'on ne s'attendrait guère à entendre citer à propos de géologie :

> Notre planète eut une enfance étrange,
> Buffon l'a dit, Cuvier l'a constaté :
> Un peu de feu qu'enserre un peu de fange
> Donna naissance à ce monde encroûté.

A la prochane leçon, Messieurs, je vous dirai la fin de la strophe; dans tous les cas était-il possible d'exprimer en plus beau langage et d'une façon plus concise, ce que j'ai mis si longtemps à vous expliquer?

CHAIRE
D'HISTOIRE NATURELLE

PROFESSEUR : M. BOCQUILLON

LEÇON D'OUVERTURE

Messieurs,

Je définis l'Histoire naturelle, la science qui nous apprend à connaître les êtres organisés et non organisés. Par la connaissance intime de ces êtres et de l'ordre suivant lequel ils existent, notre sensibilité et notre attention s'éveillent une fois de plus devant les merveilles qui nous entourent ; car, à côté de l'harmonieux tableau de la nature, nous voyons ainsi se dévoiler l'harmonieux système des moyens qu'elle met en jeu.

Mais je sais que l'École centrale d'architecture prépare des artistes et non des savants. Je suis donc bien plus préoccupé, en ouvrant mon cours, de vous montrer la place légitime de l'Histoire naturelle dans votre enseignement, que de développer devant vous le tableau saisissant et complet du vaste champ d'études, que le naturaliste a mission de parcourir. Aussi bien, est-ce directement en face de l'architecte que je veux me placer, pour vous découvrir quelques-unes des lumières que le naturaliste seul peut lui prêter. J'espère ainsi toucher votre intérêt et vous entraîner aujourd'hui même à lier déjà quelque intimité fructueuse avec la science, que je suis chargé de vous apprendre à utiliser.

Essayons donc de considérer l'œuvre de l'architecte en elle-même et d'y découvrir les points, où le naturaliste sera visiblement interrogé avec avantage pour le succès de cette œuvre. Si je me rends un compte exact de votre avenir d'architecte, je vous vois déjà suivant avec intérêt l'exploitation des bois, que vous emploierez dans vos constructions et imposant

vos légitimes et judicieuses exigences à cette
industrie ; fouillant le sol pour y chercher des
matériaux ou pour établir les assises de vos
édifices ; transportant sur la pierre ou sur d'autres matières les ornements expressifs, dont
vous emprunterez la pensée et l'ordonnance
aux plantes et aux animaux ; cherchant dans
les monuments d'un autre âge l'histoire de
votre art ; entourant les habitations de parcs
et de jardins, où vous voudrez ménager ces
agréments que la nature vivante donne seule et
qui sont un contraste si puissamment reposant
à côté des œuvres artistiques de l'homme.

Quand j'envisage ce tableau de vos occupa-
tions futures, il me semble, Messieurs, que
l'Histoire naturelle a déjà conquis sa place dans
vos esprits, comme cette chaire a la sienne
dans le programme si richement doté de votre
école. Mais je veux faire mieux et j'ai l'intention de consacrer cette première séance à
vous montrer que, prises une à une, ces conditions de votre œuvre, que je viens de décrire,
sont forcément assistées, si on les veut complétement remplir, par les connaissances du natu-

raliste. Je vous entretenais des bois, il y a
quelques instants. Est-il une matière plus élas-
tique dans ses applications et plus amoureuse-
ment recherchée par l'architecte? Mais, par
cela même, en est-il une plus délicate à manier, plus incertaine dans ses aptitudes, et plus
imprévue dans ses qualités, si la science ne
vient guider celui qui l'utilise? Voulez-vous
que je vous parle du Chêne, de ce bois que les
constructeurs mettent avec raison en tête de
tous les bois? Vous avez tous regardé avec quelque attention la section transversale d'un tronc
ou d'une branche de cet arbre. Je puis vous
rappeler ce qui vous y a frappés. Ce sont des
zones concentriques et des rayons dont la couleur claire tranche sur le fond. L'aspect n'eût
pas été le même, si vous eussiez regardé la section d'un Frêne, d'un Orme, d'un Bouleau ou
d'un Sapin. La connaissance et l'habitude de
chacun de ces aspects spéciaux nous permet de
fixer chacune de ces espèces. Mais que la section de l'arbre qu'on vous présente soit oblique
au lieu d'être transversale droite, qu'elle soit
noircie pas le temps, qu'elle soit recouverte de

peinture, ce simple aspect du bois ne vous suffit plus et vous voilà condamnés à l'usage d'une matière dont, non-seulement vous ignorez le nom, mais dont vous ne pouvez apprécier aucune des qualités, aucun des défauts, avant de l'utiliser. Je n'exagère pas et je ne veux citer qu'un exemple pour vous convaincre à cet égard. Nos vieilles cathédrales du moyen âge nous présentent des charpentes dont l'état de conservation est souvent remarquable. Quel est ce bois si parfaitement durable? disait-on encore récemment. Et, pendant plus de deux cents ans, tous les hommes qui paraissaient devoir être compétents sur l'essence des bois, ceux qui en dirigent l'emploi comme ceux qui le travaillent : architectes, sculpteurs, charpentiers, menuisiers, fabricants de meubles, charrons, bûcherons, discutèrent sans avancer la question, pour savoir si l'on avait affaire à du *Chêne* ou à du *Châtaignier*. Celui-ci invoquait la dureté du grain, celui-là l'absence des nœuds ; tel la rectitude des fibres, tel autre l'aspect satiné du tissu... Les opinions restaient partagées ; mais la lumière ne se faisait

pas. Pour le botaniste, le problème est facile
à résoudre et quelques minutes d'observation lui suffisent pour répondre avec certitude :
Ces charpentes sont en Chêne. Que fait-il
pour conquérir cette certitude? Il détache de la
poutre litigieuse une pellicule imperceptible ;
il place celle-ci sous un verre grossissant et il
voit apparaître l'organisation du bois. Entre
autres caractères, il distingue la composition de
ce qu'on appelle les *rayons médullaires*, qui lui
permettent de rapporter au Chêne ce qu'on a cru
pendant si longtemps appartenir au Châtaignier.
Et voilà le constructeur pourvu d'un document
précieux, qui fixe ses idées. Désormais, c'est
parmi les Chênes qu'il recherchera les matériaux, dont l'excellence est prouvée par leur
durée.

Le miscroscope, entre les mains du botaniste, est de ressource incessante et le bénéfice
que peut en retirer le constructeur est très-
grand. On vous dira que le bois appelé *Chêne
de Hollande* par les ébénistes, n'est autre que
notre Chêne commun de France exporté chez
nos voisins pour y être façonné d'une manière

particulière. Le microscope vous le prouvera.
Il vous expliquera aussi l'existence de ces zones
concentriques qui, dans nos pays, indiquent
l'âge d'un arbre. Il vous fera comprendre pourquoi nos bois se fendent dans le sens de la longueur et ne peuvent que se scier, se couper ou
se casser dans le sens transversal. Il mettra en
opposition tranchée, sous votre œil, la constitution de l'écorce, celle de l'aubier, celle du
bois fait, et vous en tirerez des règles prudentes
pour vos procédés d'équarrissage. Il vous montrera la singulière conformation du tissu des
Conifères, la quantité de substances résineuses
qu'on y rencontre et qui vous rendront compte
des emplois spéciaux que l'on fait de ces bois.
Ce n'est, en effet, pas sans raison que les Hol-
landais ont élevé leurs digues avec les Sapins
exploités dans nos montagnes des Vosges; et
ici la science moderne a tiré de ses observations la considération des maints usages spéciaux, que l'expérience des âges recommande.
Ainsi, le Cyprès et le Mélèze fournissent, à bon
droit, des pieux qui durent longtemps dans le
sol humide. Les anciens, qui regardaient le

Cèdre comme incorruptible, en faisaient les statues de leurs dieux et l'on peut citer le parti général qu'ils ont tiré de ce bois dans la construction du temple de Diane, à Éphèse. Les lambris
du temple bâti par Salomon étaient en Cèdre et
le plancher en Sapin. Vitruve attribuait la conservation des livres de Numa à la précaution,
qu'on avait prise de les frotter avec des feuilles
de Cèdre. Toutes ces propriétés de conservation, conquises aux anciens par l'expérience, je
ne saurais trop le répéter, elles nous sont aujourd'hui dévoilées par une simple coupe mi-
croscopique de la matière.

Mais là ne s'arrête pas le secours que vous
pouvez trouver dans ces sortes d'observations
poursuivies par le naturaliste. C'est la connaissance anatomique des tiges, qui vous
fera adopter une coupe oblique ou verticale
d'un bois, selon que vous le destinerez à
servir dans l'air ou dans l'humidité; c'est
elle qui vous expliquera la solidité des pièces
de *Frêne* et de *Robinia* employées dans leur
longueur; c'est encore elle qui vous apprendra avec l'exactitude la plus rigoureuse si un

bois est *vert*, comme disent les charpentiers, ou s'il est bien sec. Je n'essayerai pas de vous énumérer toutes les applications que vous pourrez tirer de ces simples connaissances. Elles vous apparaîtront chaque jour plus nombreuses à mesure que se développeront devant vous les circonstances si variées du bel art, que vous entreprenez de servir.

Mais, Messieurs, je veux maintenant vous suivre dans ces creusements du sol, auxquels il semble qu'aucun de vos ouvrages un peu durables ne puisse échapper. Vos nivellements, vos carrières, les fouilles nécessitées par vos recherches ou par les fondations de vos édifices m'attirent! Là, vous trouverez des milliers de témoins qui ont vécu et qui caractérisent les sols sur lesquels vous construirez. Visitez les carrières du bassin de Paris, celles qui fournissent encore la plus grande partie de la pierre à bâtir de notre immense capitale, celles qui donnent le plâtre; allez à Vaugirard, à Montrouge, à Clamart, à Pantin, à Sannois, etc., et vous découvrirez les restes d'animaux enfouis, aux lointaines époques du passé, dans les roches du terrain tertiaire. Cela est si important pour vous, Messieurs, que plusieurs de vos matériaux parisiens sont dénommés par les fossiles mêmes qu'on y trouve en très-grande quantité. C'est ainsi que certains bancs de pierre prennent les noms de banc à *nummulites*, banc à *milliolites*, banc à *cerites*. Dans d'autres contrées, où l'expérience directe est moins faite sur la valeur des pierres, le fossile devient la caractéristique précieuse que le constructeur habile doit savoir utiliser. Bien que je touche ici à la *lithologie*, que mon très-distingué collègue M. Simonin vous enseigne si brillamment, je ne pouvais me dispenser de montrer, à ce propos, jusqu'où s'étend l'intérêt direct que vous trouverez dans la connaissance des principaux traits, similaires ou différentiels, qui motivent les classifications du naturaliste ; et de ce que l'anatomiste et les géologues se rencontrent déjà devant vous sur un terrain commun, vous pouvez tirer la pensée juste du lien qui unit les sciences naturelles. C'est presque un pas fait, il me semble, dans le sens du pro-

gramme de vos études, qui paraît avoir tout
ménagé pour élever vos compositions par l'étendue et la justesse de vos idées générales. Mais
restons dans notre sujet.

Il n'est pas un d'entre vous, Messieurs, qui
n'ait eu l'occasion de se trouver au moins une
fois devant l'un des splendides spectacles, que
la nature nous offre sans cesse, dès que nous
quittons l'enceinte de nos villes. Interrogez
votre mémoire.

Vous cheminiez peut-être alors au bord des
larges prairies vertes, qu'on rencontre au milieu de nos principales vallées ou sur nos plateaux moyens : les saules gris serpentaient au
long du ruisseau voisin ; les lignes de hauts
peupliers droits coupaient les champs de place
en place, et l'horizon lointain laissait voir dans
la brume matinale l'argentine silhouette des
montagnes ardoisées.

Ou bien, vous aviez à vos pieds le lac pur et
profond, et, au delà, les monts étagés qui s'élèvent en s'éloignant jusqu'aux sommets des hauts
glaciers. Sur cette abondante perspective, le ciel,
seul actif dans cette nature muette, répand sa

changeante lumière et renouvelle sans cesse
l'aspect grandiose du site.

Ou bien encore, assis au rocher du rivage et
n'ayant devant vous que l'immense nudité du
firmament et de l'eau, vous contempliez l'Océan
et vous écoutiez l'étrange monotonie de ses flots
mugissants.

Ces spectacles, à peine indiqués ici, vous les
retrouvez dans vos souvenirs ; mais ce que vous
retrouvez mieux, c'est l'infinie tendresse, ou
le grandiose étonnement, ou la majestueuse
terreur, qui vous ont inondés alors, et, surtout,
ce que rien ne peut vous faire oublier, c'est
cette sommaire détente donnée à votre émo-
tion, quand, accablés sous le poids de la ma-
gique ordonnance de la nature, vous invoquiez
l'auteur pressenti de ces choses, en nommant
le *Grand Architecte.*

Vous n'êtes pas les seuls, Messieurs ! A nous
tous, un jour ou l'autre, est apparue l'image
d'un Grand Architecte de la nature, et ce mot,
incessamment répété, reste la gloire de l'art auquel vous vous essayez ici. Vous emprunter votre
nom, en de tels moments et sous de sembla-

bles causes, n'est-ce pas implicitement et solen-
nellement dire que l'architecte est censé fonc-
tionner selon le mode qui eût convenu à l'installation du grand tout, que nous admirons?
N'est-ce pas consacrer pour toujours l'éternel
besoin de l'artiste, qui ne saurait rien tenter
de complet sans appuyer ses conceptions sur des
analogies puisées dans les choses naturelles?
C'est qu'en effet, Messieurs, — on le sait aujourd'hui, — il n'y a d'arts qui aient progressé
et duré que ceux qui se sont développés par
l'observation de la nature. Ce point de vue vous
sera sûrement exposé par des maîtres plus
compétents que moi en matière d'art; mais je
veux y puiser une des considérations les plus
puissantes, et la plus élevée, en faveur de l'étude
de l'Histoire naturelle par l'architecte. Laissez-
moi donc m'y arrêter quelques instants en re-
cherchant avec vous chez les peuples dont les
œuvres artistiques ne sont pas discutées, quelle
a été la part de l'observation des êtres vivants.

Les Grecs se présentent tout d'abord. Je les
interroge par le seul auteur qui nous ait laissé
un traité sur leur art. D'après VITRUVE, les an-

ciens étudiaient la nature; ils se rendaient compte de ses procédés, du rôle des individus et des parties constitutives de chacun de ceux-ci; puis, avec cette finesse de tact, qui n'appartient qu'aux artistes, ils composaient leurs œuvres d'éléments conçus à nouveau, spécialement ordonnés, mais disposés, proportionnés et assemblés selon la vraisemblance et la logique des êtres réels, ainsi que cela est indispensable en toute œuvre d'art. C'est cette harmonie, solidement étayée sur la raison de l'ordre naturel, qui a traversé les siècles et qui a porté jusqu'à nous la beauté incontestée de l'antiquité grecque. C'est cet intime voisinage du Grec et de la nature, qui a donné au premier ce sens de fine pondération, qui se révèle en toutes les parties des monuments que la critique des âges successifs n'a pu atteindre. Voyez ce que dit Vitruve! Selon lui, les proportions des colonnes doriques ont été empruntées au corps de l'homme, celles des colonnes ioniques au corps de la femme. La base de ces dernières figurait la chaussure; le chapiteau orné de volutes représentait les cheveux enroulés; les cannelures rappelaient les plis des vêtements. La colonne corinthienne, ajoute-t-il, « représente la délicatesse d'une jeune fille, à qui l'âge rend la taille plus dégagée et plus susceptible de recevoir les ornements propres à augmenter sa beauté naturelle. » Il va jusqu'à appuyer cette interprétation de la légende suivante :

« Une jeune fille de Corinthe, prête à se ma-
» rier, mourut subitement. Lorsqu'elle fut in-
» humée, sa nourrice alla porter sur son tom-
» beau une corbeille contenant quelques petits
» vases, que cette fille avait aimés ; et, afin de
» les garantir des intempéries, elle couvrit d'une
» tuile la corbeille, qu'elle posa par hasard sur
» la racine d'une plante d'acanthe. Au prin-
» temps, les feuilles et les tiges [1], empêchées
» dans leur croissance directe, s'élevèrent le
» long des parois de la corbeille et, rencontrant
» les cornes de la tuile, se recourbèrent en leurs
» extrémités et produisirent le contournement
» des volutes. Le sculpteur Callimachus, passant
» auprès de ce tombeau, vit la corbeille et la ma-

---

[1] On verra, dans le cours de ces leçons, que les expressions de *tiges* et de *racines* sont ici de fausses dénominations.

» nière dont ces feuilles naissantes l'avaient en-
» vironnée. Cet agencement lui plut, et il en
» imita la manière dans les colonnes qu'il fit
» depuis à Corinthe. »

Ces explications sont peut-être bien cher-
chées, et on les a critiquées plus d'une fois;
mais elles n'en démontrent pas moins l'importance que la tradition grecque accordait, du
temps de Vitruve, à l'observation de la nature
dans les œuvres d'art.

Puisque nous en sommes aux interprétations
des monuments de l'architecture, écoutons
Chateaubriand, justement impressionné par la
majesté des cathédrales du moyen âge. Comment s'exprime-t-il?

« Les forêts des Gaules ont passé dans les
» temples de nos pères et nos bois de chênes
» ont aussi maintenu leur origine sacrée. Ces
» voûtes ciselées en feuillage, ces jambages qui
» appuient les murs et finissent brusquement
» comme des troncs brisés, la fraîcheur des
» voûtes, les ténèbres du sanctuaire, les ailes
» obscures, les passages secrets, les portes
» abaissées, tout retrace les labyrinthes des

» bois dans les églises gothiques, tout fait res-
» sentir la religieuse horreur, les mystères et
» la divinité. »

Mais ce sont là des images littéraires puisées
dans les sentiments souvent excessifs du poëte,
et, bien qu'un semblable tableau ne puisse
être inspiré que par des œuvres fortement
empreintes des émotions causées par certains
spectacles de la nature, j'ai hâte de vous montrer, par des faits saisissants, le parti que
l'architecte a su tirer, dans ses meilleures
compositions, de la connaissance intime des
plantes ou des animaux. Transportons-nous
à ces musées d'antiques que les capitales de
l'Europe entretiennent à grands frais ; obser-
vons-y les monuments de la vieille Égypte
arrachés aux ruines de Thèbes ou d'Héliopolis.
Si nous examinons les immenses colonnes du
temple de Memnon, nous les voyons formées d'un
certain nombre de tambours placés les uns sur
les autres et couronnés par des chapiteaux variés
dans la forme. Ici c'est un calice campanulé, qui
s'évase gracieusement ; là c'est un bouton tronqué
de *Lotus*. Tout, dans ces colonnes, rappelle l'orga-

nisation et l'élégance des Palmiers. En effet, le tronc ou stype de ces végétaux est marqué, dans toute sa longueur, de dépressions circulaires, qui sont les traces des feuilles tombées et qui lui donnent l'aspect d'une suite de petits troncs placés les uns sur les autres. La rosette des feuilles couronne d'ailleurs l'arbre en manière de chapiteau. Rien n'est varié comme l'ornementation de ces têtes de colonnes égyptiennes. Tantôt l'artiste s'est borné à reproduire les feuilles mêmes du Palmier; tantôt il a représenté le Palmier en entier, et l'imitation est si fidèle qu'aujourd'hui encore on peut déterminer à quelle espèce de Dattier ou de Chamerops il appartient. Ici, ce sont des coupes verticales de boutons de Lotus, qui garnissent la base de la colonne; on découvre distinctement les folioles de la fleur dans les coupes successives placées les unes derrière les autres. Plus loin, on remarque des feuilles d'eau analogues à celles de plusieurs de nos *Aroïdées*. Plus tard, presque toutes les productions de la nature devinrent des dieux ou des symboles en Égypte. Elles furent alors représentées sur les monuments, et c'est ainsi que nous retrouvons le puissant bœuf Apis à côté de l'Ibis sacré, puis des Hippopotames, des Rats, des Chats, des Crocodiles et le Phénix, cet oiseau imaginaire, symbole de l'immortalité de l'âme. Mais nous pourrions parler des Grecs et des Romains, et chez eux nous trouverions toujours l'interprétation plus ou moins directe des productions naturelles parmi les ornements qui intervenaient dans leurs édifices. Et, s'il fallait même citer ici les artistes arabes, auxquels le Coran interdisait la représentation de l'homme ou des animaux, nous remarquerions que, des gracieuses combinaisons géométriques qui caractérisent leur ornementation, ils n'ont pas su bannir les fleurs.

Dès que l'homme a pensé librement dans les sociétés, il a conçu l'art; puis il s'est souvenu de la nature. Les richesses infinies qu'elle comporte se sont offertes à lui en même temps qu'il ordonnait ses idées, et il a éprouvé le besoin de marier les unes aux autres. Voyez chez les Grecs et chez les Romains, ce que furent leurs attributs mythologiques.

Le Chêne était l'arbre de Jupiter ; à Rome, on faisait avec ses rameaux des couronnes pour les citoyens distingués par leurs vertus civiques.

Le Laurier commun était l'arbre d'Apollon. On en tressait des couronnes pour les poëtes et les guerriers ; ses rameaux entouraient les faisceaux des hauts magistrats ; il servait aussi dans les cérémonies religieuses.

L'Olivier était pour les Grecs le symbole de la sagesse, de l'abondance et de la paix. Il était dédié à Minerve, et l'objet de la plus grande vénération.

Le Pin était consacré à Cybèle ;

La Rose à Vénus, à l'Amour et aux Grâces.

L'If était regardé comme un arbre lugubre : il bordait les rives du Styx et de l'Achéron. Les Furies étaient quelquefois représentées tenant à la main un rameau d'If enflammé.

Le Cyprès était aussi un arbre lugubre. Il devint chez les chrétiens un symbole de la résurrection.

On plaça dans les bras des martyrs les rameaux du Dattier, auxquels on substitua plus tard ceux des *Cycas*.

Parmi les animaux, l'Éléphant, la Chouette
étaient des symboles de la sagesse. Le savant
moderne expliquerait volontiers ce choix par le
développement apparent de l'angle facial chez
ces animaux.

Le Coq était l'emblème de la vigilance.

L'Aigle devint celui de l'apothéose des empe-
reurs.

Le Dauphin était considéré comme un animal
sauveteur.

La Colombe fut le signe de la pureté d'âme
chez les chrétiens ; l'Agneau celui de la vertu.

Le Pélican était l'emblème du dévouement.
On le représentait se déchirant le sein pour
nourrir ses petits.

A côté de ces symboles, dont le plus grand
nombre fut si largement exploité dans les compositions architecturales de l'antiquité, quelle
richesse d'ornementation n'a-t-on pas empruntée
au règne végétal et au règne animal pendant le
moyen âge ! Tout ce qui était gracieux dans la
flore locale prenait place aux pieds des colonnes,
dans les chapiteaux, dans les frises ou dans les
corniches, sur les pignons ou sur les pinacles.

On y rencontrait les feuilles frisées du Chou,
les feuilles trilobées du Trèfle, les feuilles dé-
chiquetées du Chardon, les torsades de la
Vigne, les vrilles des Légumineuses, etc.

L'architecte moderne n'échappe pas à ce
symbolisme d'idées puisé dans la nature et,
comme ses maîtres du passé, il trouve en celle-
ci des richesses infinies, auxquelles il peut emprunter des expressions toujours nouvelles
pour servir ses œuvres. En France, tout monument public porte à son front un Aigle aux
ailes étendues. En Angleterre, chaque édifice
national est surmonté d'un Lion à queue raide
et horizontale ; sur les frontons, le roi des animaux semble s'être adouci pour se placer en
face de la fabuleuse Licorne. Les plantes sym-
boliques, les fleurs enguirlandées, les animaux
mariés aux feuillages ne manquent nulle part
sur nos constructions contemporaines. On les
place même un peu trop partout.

Mais pourquoi faut-il constater si souvent dans
ces agencements louables en eux-mêmes, tant de
contre-sens choquants? Pourquoi ces fleurs au
port invraisemblable, à l'allure impossible? Pour-

quoi ces animaux, dont l'anatomie ne peut s'expliquer, même par les contorsions les plus imagi-
naires et les plus fantastiques ? Pourquoi tant de
peines aboutissent-elles à la contradiction fati-
gante et inacceptable des belles lois de la
nature ? Notre flore et notre faune sont—elles
épuisées et la nature serait-elle donc trop pauvre
en variétés de formes pour guider et aider l'artiste dans toutes ses exigences ? Les plantes que
je mets sous vos yeux se chargent de répondre,
Messieürs. Jamais rosace plus belle que cette
jeune *Saxifrage* n'a été représentée. Quoi de
plus gracieux, de plus riche en détails que ces
élégantes *Carduacées !* Quoi de plus ample et en
même temps de plus simple que ces belles
Aroïdées ! Quelles palmettes plus charmantes
que ces différentes feuilles d'*Hellébores !* Quelles
fines et admirables découpures dans ces feuilles
de *Thalictrum !*

Ne croyez pas, Messieurs, que je veuille assi-
miler l'artiste à un copiste. Je sais que son imagination doit conserver toute sa liberté d'allures et que c'est dans cette liberté même qu'il
puisera la force et l'expression juste de ses

14

œuvres. Mais toutes les fois que, librement, l'artiste a recours à des moyens d'expression puisés dans la réalité des choses, il se crée une dépendance d'exécution à laquelle il ne lui est plus loisible d'échapper. Et c'est pour cela que notre honorable directeur vous disait, dans son beau discours d'ouverture, que l'art doit s'approprier le domaine de certaines connaissances positives, parmi lesquelles il faut placer l'Histoire naturelle.

La nature n'est pas capricieuse. Chacune de ses productions se développe selon des lois immuables. Ce sont ces lois qu'il faut connaître. Qui les ignore s'expose à commettre dans votre art des erreurs, qui peuvent se comparer aux plus monstrueux anachronismes de l'histoire. Quelques exemples me feront mieux comprendre.

Je dessine un rameau de Chêne et, dans ma composition, j'attache deux à deux les feuilles aux extrémités d'un même diamètre de la branche : je fais ce qu'on appelle en botanique des feuilles *opposées*. Mais, quoique je me sois efforcé de représenter très-exactement la forme des feuilles, quoi-

que j'aie dessiné avec une grande fidélité l'axe du
rameau, il se trouve qu'une branche de Chêne
n'a jamais eu ce port. Mon dessin ressemble, permettez-moi la comparaison, à un por-
trait dans lequel on retrouverait l'exacte représentation de chacune des parties de la figure,
mais dans lequel les places et les distances de
ces parties ne seraient pas observées. Un
pareil travail serait dépourvu de ressem-
blance et même de toute vraisemblance. Tel
me paraît d'ici notre rameau menteur. Mais je
change la disposition des feuilles, d'*opposées*
je les fais *alternes*, et j'ai la représentation
exacte de l'objet dont je veux utiliser l'image.
Nous connaîtrons les lois exactes, et l'on peut
dire mathématiques, qui président à l'arrangement des appendices des végétaux, et vous verrez que, bien que ces organes soient alternes
dans le *Tilleul*, l'*Orme*, le *Peuplier*, etc., la formule de disposition change avec chacun de ces
arbres.

Je suppose qu'après avoir représenté une
branche d'Olivier, vous désiriez y ajouter des
fruits, comme on le fait souvent dans les cou-

ronnes ; placerez-vous ces fruits au hasard?
Non. Ils ont une place nécessaire, et cette
place, constamment la même dans un grand
nombre de végétaux, est l'*aisselle* de la feuille,
c'est-à-dire l'angle adjacent supérieur, que fait
cette feuille en rencontrant la tige.

A quel endroit d'un rameau de Vigne atta-
cherez-vous un raisin? Ici, ce ne sera plus à
l'aisselle de la feuille, mais en face d'elle, de
l'autre côté de la tige ou du rameau. Cette disposition est très-bien observée dans les ornements du musée de Cluny.

Lorsque vous représenterez un Lierre grim-
pant, sans fleurs ni fruits, vous découperez
chaque feuille par cinq segments peu profonds
et aigus ; mais si vous voulez figurer un rameau chargé de fleurs ou de fruits, il faudra
changer la forme des feuilles en celle d'un
pique de carte à jouer ; car il en est ainsi dans
la nature à l'époque de la floraison ou de la
fructification.

Vous voulez faire courir une plante volubile
le long d'une colonne, l'enroulerez-vous dans un
sens quelconque? La nature vous dicte bien plus

de circonspection. Les *Volubilis*, par exemple, s'y enroulent constamment de gauche à droite, quelque effort qu'on oppose à cette direction, tandis que le *Houblon* s'enroule toujours de droite à gauche. Dès que vos compositions utiliseront des êtres dont vous essayerez de caractériser les formes, comment ne voudriez-vous pas aussi chercher la vraisemblance dans la reproduction des allures?

La représentation de l'homme et des animaux dans le repos ou dans le mouvement exige aussi des observations très-circonstanciées. L'Homme debout, au repos, ne s'appuie pas également sur les deux pieds; il prend naturellement une position hanchée; son corps s'incline en arrière ou en avant, à droite ou à gauche, selon qu'il est obèse ou qu'il porte un fardeau sur le dos, selon qu'il est chargé à gauche ou à droite. Vous devrez savoir indiquer, à la manière dont vous le représenterez, qu'il se dispose à se mettre en marche ou qu'il marche, qu'il court ou qu'il saute. — Le Cheval reposé, mais non couché, ne s'appuie franchement, dans sa station ordinaire, que sur trois pieds; l'un des

membres postérieurs est légèrement fléchi et
ne touche le sol que par la pointe du sabot. Il
peut progresser au pas, à l'amble, au trot, au
galop, et, pour chacune de ces allures, il y a
constitutionnellement une position différente
des pieds. Certains animaux, tels que le Lama,
le Chameau, marquent naturellement l'amble.
Beaucoup d'autres Mammifères ne progressent
qu'au pas et au galop.

C'est pour avoir négligé des études qu'ils
considèrent à tort comme superflues, que des
sculpteurs, et les architectes qui guident leurs
travaux, excitent tous les jours des critiques
justement motivées par les inconséquences
inacceptables de leurs compositions. Je pourrais citer, à l'appui de ce que j'avance, telle
maison bien connue à Paris dont la frise représente une chasse de sangliers. Jamais hommes,
chiens, chevaux ou sangliers n'ont exécuté
semblables tours de force! Vous pouvez voir
sur la fontaine Cuvier un grand Crocodile,
qui tourne la tête sur le côté à en rendre jaloux
toute la gente des oiseaux! Que dirait Georges
Cuvier, le créateur de l'anatomie comparée, s'il

pouvait voir le monument élevé à sa gloire, lui qui nous a particulièrement montré comment la conformation des vertèbres cervicales du crocodile s'oppose, chez cet animal, à tout mouvement prononcé du cou dans le sens latéral?

Il ne faudrait pas, Messieurs, que vous vous méprissiez sur le sens que j'entends donner à cette espèce de respect religieux que l'artiste doit accorder aux lois de la nature; car je sens qu'en ceci j'avoisine de bien près des doctrines d'art qui ne peuvent prendre autorité que dans d'autres parties de votre enseignement. Les exemples que je viens de vous fournir sont des fautes inacceptables dans les œuvres des artistes, je n'hésite pas à l'affirmer. Mais est-ce à dire que vous serez absolument astreints à ne reproduire que des êtres existants et à les reproduire dans l'intégrité complète de toutes leurs parties constituantes? Je ne dois pas vous laisser croire un seul instant que telle est ma pensée. Je ne puis me permettre de bannir de l'art toutes ces compositions fantastiques qui illustrent bien des œuvres, et qui vraisembla-

blement en illustreront d'autres encore. Ainsi,
bien que dans la nature il n'y ait ni centaures,
comme en ont représenté les Grecs, ni aigles à
deux têtes, comme nous en montrent les armes
de certaines puissances européennes, jamais,
croyez-le, vous n'encourrez la critique du
naturaliste, quand vous saurez agencer ces
sortes de compositions issues du caractère
bien interprété de vos programmes. Mais,
sachez-le aussi, vous n'atteindrez ce but qu'en
respectant dans ces agencements les lois de la
nature, qu'en rapprochant, selon les conditions
de leur rôle, les différents organes que vous
aurez empruntés à des êtres divers. Vous serez
donc encore ramenés, de ce côté, à la nécessité de connaître l'ensemble anatomique des
êtres vivants.

Ces considérations me portent à vous dire
que nous ne nous bornerons pas à étudier les
plantes et les animaux dans leurs formes, en les
groupant méthodiquement. Nous chercherons
aussi à connaître, ou du moins à nous faire une
idée de ces animaux mythologiques, auxquels
l'imagination des anciens accordait de si sin-

gulières attributions. Nous retrouverons dans la
dent unique du *Narval* la fameuse corne de
Licorne. Bien que dépourvues de leurs charmes
et de leurs voix mélodieuses, les *Sirènes* se
montreront à nous dans les *Dugongs* et les *La-
mantins*. Les *Dragons* d'aujourd'hui nous paraîtront moins redoutables que celui qui gar-
dait Andromède ou qui veillait sur les pommes
d'or du jardin des Hespérides. Enfin, nous tâ—
cherons de ressusciter les monstres des différents âges de la terre, et vous verrez que les
Labyrinthodons, les *Amblyrinques*, les *Ichthyo-
saures*, les *Plésiosaures*, etc., ne le cédaient pas
en horreur aux monstres fabuleux de l'antiquité.

Messieurs, toutes les fois que l'architecte a
laissé derrière lui des œuvres dignes de fixer
l'attention des générations suivantes, vous pouvez être certains qu'il a été l'interprète inspiré
de son temps et l'observateur scrupuleux des
ressources locales que lui offrait la nature.
Comme interprète, ses œuvres ont traduit les
besoins de la société contemporaine et re-
flété les tendances ou les goûts de cette société,

dans les formes des édifices, dans les grandes lignes de structure, dans l'alignement des masses, dans les rapports des vides et des pleins, dans la valeur des reliefs. Comme observateur de la nature, la flore et la faune du pays le frappent aussi bien que la race d'hommes au milieu de laquelle il vit. Dans les développements secondaires de sa pensée d'artiste, ses édifices reçoivent l'empreinte de ce tableau qui s'offre sans cesse à sa vue. Les plantes et les animaux de son choix sont interprétés par lui à la mesure du sujet qu'il traite, et ils viennent prendre place dans ses œuvres au milieu des figures caractéristiques, qui en constituent la statuaire. De cet ensemble de moyens coordonnés dans un même but, naissent les styles d'architecture, — j'emploie ici ce mot dans le sens le plus grand. — L'histoire de votre art est tout entière dans la connaissance intime de ces styles. Ne découvrez-vous pas une fois de plus le secours que vous trouverez, à cette occasion, dans l'Histoire naturelle?

Mais n'aurez-vous donc que des édifices à bâtir? Votre empire doit-il rester fatalement enfermé dans l'immobile barrière des solides murailles de vos constructions? Je ne saurais le croire. Et, quand je vois avec quelle ardeur tout ce temps-ci répand l'ombre hospitalière des parcs autour des villes et distribue sur les voies publiques les corbeilles fleuries et les massifs verdoyants des squares; quand j'apprécie le rôle que joue auprès de vos monuments cette végétation bienfaisante et aimable; quand je me reporte en mémoire dans ces délicieuses habitations, où la nature sobrement appropriée, et l'architecture sagement aménagée, semblent s'être conjurées pour réunir dans un même lieu toutes les douceurs et toutes les grâces de la vie parfumée des champs, je n'hésite pas à prévoir dans ces œuvres votre présence nécessaire et votre action immédiatement imposée. Et alors je vous souhaite les connaissances de botanique qui vous permettront de rechercher, de choisir et d'utiliser les végétaux qu'il convient d'approprier aux circonstances. Parcourez les parcs de Versailles et de Saint-Cloud, de Fontainebleau et de Chantilly. Quelle exubérante végétation ! Des arbres centenaires y montrent

partout leurs beautés et les végétaux exotiques
qu'on y rencontre sont en si bel état qu'on les
dirait venus dans les sols et sous les climats, où
ils poussent naturellement. Comme il a fallu connaître le tempérament et les exigences de ces
végétaux pour assurer un tel résultat! C'est en
aménageant le sol, en creusant des lacs et des
ruisseaux, en préparant les expositions par des
pentes appropriées dans le fond des vallées ou
sur les flancs des coteaux artificiels, que les
Anglais ont créé, entre Kew et Richemond, leur
féérique *Arboretum*. Quelque terrain que vous
ayez à votre disposition, qu'il soit sablonneux,
argileux ou calcaire, bas ou élevé, humide ou
sec; quelle que soit l'exposition, la nature vous
fournira tous les éléments d'une vigoureuse
végétation. Il suffit d'approprier le sol aux
plantes disponibles.

L'intelligente direction des squares de Paris
vous montre tous les jours l'usage merveilleux
que l'on peut faire des plantes. Les unes, comme
les *Solanum marginatum*, l'*Achillea tomentosa*,
la plupart des *Begonia*, le *Glaucium flavum*, le
Tabac glauque, les *Centaurea babylonica*, les *Sal-*

via argentea, l'*Amarante bicolore jaune*, etc.,
sont cultivées pour leurs feuilles; d'autres en
très-grand nombre sont cultivées pour la couleur de leurs fleurs ou de leurs fruits, si bien
que l'on peut faire des bordures, des massifs,
des corbeilles surpassant en splendeur les plus
riches palettes des peintres. Il existe des fleurs,
non-seulement pour chaque saison, mais pour
chaque mois, pour chaque jour et même pour
chaque heure de la journée. De sorte que les
tiges, les feuilles et les corolles, l'infinie variété
des ports, les fines oppositions des tons, le ve-
louté des touches, le relief des couleurs, les
éclats de lumière, la réserve éteinte des fonds
et la suavité des parfums, toute cette harmonie
vivante, qui délecte les yeux et l'odorat et qu'on
appelle un parterre, pourrait, par la succession
incessante des floraisons, vous attacher à l'heure
présente en vous rappelant les dates aimées du
passé et celles prévues de l'avenir. Quel plus
adorable calendrier et quelle plus ravissante
horloge peut-on rêver?

Restons, Messieurs, sur cet aimable tableau!
Il me reporte à cette autre horloge plus sévère,

où je constate l'oubli que j'ai fait de votre temps non sans utilité, j'aime à croire. — Dans la prochaine séance, nous entreprendrons l'étude de cette Histoire naturelle, qui m'a permis aujourd'hui de toucher par tant de points à votre art de prédilection.

CHAIRE D'HYGIÈNE

PROFESSEUR : M. LE Dʳ ULYSSE TRÉLAT

LEÇON D'OUVERTURE

Messieurs,

Vous avez entendu dire, sans doute, qu'il faut se vêtir selon la température, manger à sa faim, boire sans excès, dormir suivant sa fatigue ; qu'il ne faut abuser ni des travaux ni des plaisirs ; on a peut-être ajouté que ces préceptes, un peu élastiques, étaient la base de l'hygiène, et j'imagine qu'en vous asseyant sur les bancs de cet amphithéâtre, vous vous demandez avec curiosité quel rapport peut exister entre ces prescriptions banales et l'art que vous étu-

diez; quel intérêt il y a pour vous, futurs architectes, à être initiés à une science qui n'a
jamais figuré dans les programmes d'études de
vos devanciers.

J'ai l'intention de consacrer cette première
leçon à éclaircir ces doutes dans vos esprits. Je
désire que vous soyez convaincus, autant que
je le suis, qu'il existe des liens intimes entre
l'architecture et l'hygiène, qu'en une foule de
circonstances l'architecte doit se doubler d'un
hygiéniste, sous peine de ne produire que des
œuvres insuffisantes, inapplicables ou même
dangereuses.

L'hygiène, Messieurs, est la science qui établit les moyens de conserver la santé des individus et des sociétés.

Ce dernier terme implique non-seulement
le maintien, mais l'amélioration progressive de
la santé. Le but final de l'hygiène est de créer
un corps social composé d'individus valides,
vivaces, résistants, productifs de travail, et en
somme de doter les masses de ce premier de
tous les biens : un corps solide et un esprit
dispos.

Ce n'est pas une entreprise à dédaigner; et si l'hygiène arrive un jour à réaliser ses promesses en touchant son but, il faudra reconnaître qu'elle est la première et la dernière de toutes les sciences, qu'elle en est la synthèse absolue, la science du bonheur matériel — et peut-être du bonheur moral — pendant la vie.

J'ignore si mon distingué collègue et ami, M. Boutmy, en vous conduisant à travers les civilisations passées, a fixé votre attention sur ce fait remarquable et logique, que partout où il y a une civilisation, c'est-à-dire une société, il y a une hygiène, une série de prescriptions et d'usages relatifs à la culture sanitaire.

Veuillez observer en passant que j'emploie les mots de société ou civilisation et non ceux de peuple ou peuplade. Qui dit société, dit association, organisation, lois et mœurs. Au contraire l'histoire et l'ethnologie nous montrent des populations quelquefois nombreuses, vivant de cette existence imprévoyante et ignorante qui exclut toute idée de progrès et d'amélioration matérielle.

15

Cette hygiène des civilisations anciennes varie suivant le but poursuivi, suivant le peuple qui la pratique, suivant l'initiateur qui en promulgue les règles.

Moïse, chef du peuple d'Israël, fait sortir d'Égypte tout ce monde d'esclaves à peine émancipés et les guide vers la Terre promise. Mais avant d'y atteindre, combien de jours et de nuits devront être passés dans le désert, sur le sable brûlant? Dans cette vie nomade, sans ressources, cette population ignorante serait bientôt décimée, anéantie par les terribles maladies dont elle deviendrait le foyer, si une prévoyance tutélaire n'édictait une longue et minutieuse série de précautions sanitaires ayant pour but la conservation de la masse. La nourriture, la propreté individuelle, la propreté du camp, l'éloignement des malades et des impurs, tout est réglé; et si le législateur fait parler Jéhovah, si les paroles sont des ordres et des menaces, c'est que chez toute population ignorante, les révélations célestes sont mieux obéies que les conseils de la raison.

Quant à nous, froids appréciateurs de ces

choses reculées, nous ne pouvons méconnaître
dans le code mosaïque la profonde empreinte
d'un génie conservateur, qui donne ses premiers soins au maintien de la santé.

Toute autre sera l'hygiène à Sparte et à Rome.
Sparte, république étroite et dure, veut avoir
des défenseurs. A la voix de Lycurgue elle ferme
l'entrée de la vie à l'enfant débile. Celui-là seul
qui est robuste sera conservé; il sera exercé
aux luttes, aux combats, à la fatigue; il se nour-
rira de brouet noir et vivra pour les armes jusqu'à ce qu'il succombe par elles. C'est une
hygiène à la manière de celle qu'emploient les
entraîneurs de chevaux et les éleveurs de bestiaux; elle fait des soldats, des guerriers, mais
point des hommes. Sparte n'a laissé qu'un souvenir; son œuvre est nulle.

Rome, venue plus tard, eut aussi une hygiène
d'entraînement et de vigueur; mais elle était
plus sage que celle de Sparte. C'est au gymnase,
au bain, dans l'arène et au forum que les
Romains se préparaient à traverser en conquérants presque tout le monde alors connu. Et
encore quels soins de la part des édiles pour

l'hygiène publique ? Ne savez-vous pas que Rome était pourvue d'eau avec une abondance, que lui envient de bien loin nos grandes cités modernes ?

Vers le déclin de l'empire, cette hygiène de force et de développement fit place à une hygiène de courtisanes. Les Romains énervés passaient leurs journées dans les pratiques amollissantes de leurs bains somptueux ; l'arène ne s'ouvrait plus que pour des spectacles sanguinaires : martyrs ou prisonniers livrés aux bêtes, luttes de gladiateurs payés pour savoir mourir. Alors la civilisation romaine touchait à sa ruine ; elle succombait sous le fardeau de son empire.

Dans ces rapides citations vous voyez une hygiène incomplète ; un instrument pour atteindre un but : Moïse est le pasteur d'un troupeau humain, Lycurgue fait des guerriers et des ilotes, Rome des conquérants et des esclaves. Si, au contraire, vous interrogiez les livres du grand observateur Hippocrate, vous verriez l'hygiène prendre une tournure générale et scientifique. Avec beaucoup moins de connaissances que nous n'en possédons, il procède cependant suivant la même méthode que nous, il observe les relations des phénomènes naturels avec la santé des hommes et consigne ses observations dans ce traité remarquable des *Airs*, des *Eaux*, des *Lieux* et dans celui des *Épidémies*. Par une conséquence naturelle, le citoyen d'Athènes, qui n'est pas entraîné dans une direction spéciale, mais qui cultive à la fois son corps et son esprit, est sous tous les rapports infiniment supérieur au Spartiate, et je n'ai pas besoin de vous rappeler combien de chefs-d'œuvre artistiques et littéraires nous ont été laissés par cette république de vingt mille citoyens, qui eut du génie pour vingt siècles.

A des points de vue divers, les Hébreux, les Grecs et les Romains tenaient en grande estime la puissance et la beauté du corps. Cette idée fondamentale les conduisait à cultiver et à accroître ces dons naturels.

Mais plus tard, quand l'invasion barbare eut inondé le vieux monde, en détruisant les mœurs et les usages, quand le christianisme eut fait de la vie présente un long désir de la vie future ;

plus tard encore, quand la féodalité établit dans l'humanité deux parts, les seigneurs et les serfs, alors toute idée d'amélioration matérielle, toute possibilité d'hygiène fut nécessairement exclue. Lycurgue avait organisé à Sparte la sélection légale; la force des choses opérait alors une sélection naturelle. Ceux qu'épargnaient les rapines et la domination seigneuriale luttaient douloureusement contre la faim, la misère et les maladies. Les famines étaient fréquentes et enlevaient des hécatombes. On nous parle de ces preux qui s'en allaient par le monde bardés de fer et la lance au poing, mais on ne nous dit pas ce que devenaient les faibles, les petits, les infirmes. Ils ne devenaient rien; ils terminaient à la hâte leur pauvre et morne existence, et la population restait rare et triste.

Après les croisades, une nécessité s'imposa cependant. Que faire de ces bandes d'infirmes, d'aveugles, d'écloppés, de lépreux? C'est de là que datent certains asiles de retraite; c'est alors que furent fondées ces *léproseries* et ces *maladreries*, qui par la suite devinrent si nombreuses dans notre pays. On avait promptement senti l'utilité d'isoler et de séquestrer les individus atteints de maladies contagieuses, et le besoin pressant de la conservation conduisait ainsi à une bonne mesure d'hygiène publique.

A partir de Henri IV la salubrité préoccupe les hommes du gouvernement. La vie accidentée de ce grand roi avait été pour lui féconde en enseignements. Avec Sully, il cherche à combattre ces terribles famines si longues et si communes au XVIIᵉ siècle. C'est lui qui fait ériger l'hôpital Saint-Louis, destiné aux maladies de la peau ; remarquable construction admirablement appropriée à son but.

Sous Louis XIV, l'hygiène change de moyens ; elle devient surtout administrative et policière. L'Hôpital-Général est réorganisé sur une grande échelle pour donner asile à ces hordes de vagabonds et de mendiants entretenus par la suite des guerres et la détresse générale, population peu commode et fort nombreuse, qui entra plus d'une fois en lutte avec la lieutenance de police pour enlever aux halles quelques sacs de blé, car à cette époque le blé était souvent trop rare pour la consommation. Quelques mesures relatives à la fabrication du pain, aux professions nuisibles, aux épizooties ne sont encore que des ébauches ; mais elles montrent qu'on est entré dans la voie de l'hygiène publique.

Pendant le xviiiᵉ siècle, l'hygiène subit une vive impulsion. Déjà, vers la fin du règne de Louis XIV, Vauban avait donné l'éveil dans son projet d'une *Dixme royale*. C'est là qu'on trouve les premiers renseignements sur le dénombrement de la population ; c'est là qu'on entrevoit les causes de souffrance de cette population, sa misère profonde et l'impuissance où la réduit un déplorable système d'impôts. Sous l'empire des famines et des disettes qui se succèdent, la question des subsistances, — le plus important problème que soulève l'hygiène publique, — fixe l'attention des économistes et des savants. Turgot, Lavoisier, pour ne citer que les plus illustres, indiquent la voie à suivre.

D'autre part la Société royale de médecine étudie les épidémies, les endémies, les épizooties, les habitations malsaines, les voiries et les cimetières. Le champ d'études est tracé, il ne reste plus qu'à le cultiver et à l'accroître.

Notre siècle n'a point failli à cette noble tâche et ce sera pour lui un immense honneur, son plus grand honneur peut-être, que d'avoir considérablement amélioré la condition humaine en luttant avec efficacité contre les influences destructives et en augmentant les moyens de résistance individuelle.

Aujourd'hui, individus et sociétés sont convaincus de la puissance de l'hygiène ; ils ont foi en elle ; ils savent que tout effort tenté par ses procédés ne tarde pas à produire des résultats incontestables, que par elle ils peuvent perfectionner leur sort actuel et même leur sort futur dans leur descendance.

Et comment ne seraient-ils pas convaincus ? Il y a cent ans, la vie moyenne était de 28 ans ; elle est actuellement de 40 ans. Il y a cent ans, 1,000 vivants fournissaient chaque année 35 morts ; ils n'en donnent plus que 23. La mortalité des enfants est descendue de 55 pour 1,000 à 32 pour 1,000.

Si avec notre population actuelle nous avions en France le même chiffre proportionnel de morts qu'au dernier siècle, si la mortalité était restée la même, il nous faudrait chaque année pleurer 456,000 personnes, que nous conservons.

Calculez, Messieurs, ce que ce nombre de morts représenterait de malades, de gens occupés à les soigner, de jours de travail perdus, de larmes versées, de misères endurées, et soyez fiers de votre temps. Ah! sans doute vous entendrez dire encore que nous sommes une race débile, que nos mains défaillantes ne peuvent plus manier la lourde épée de nos pères. Vous sourirez en pensant que nous vivons tous mieux et plus longtemps qu'autrefois, et que nous avons su courber à nos ordres les forces de la nature, qui brisaient nos aïeux.

Comment sommes-nous arrivés là? Comment avons-nous secoué ce lourd fardeau de douleurs?

Dans le détail, bien des faits ont amené ce résultat : le perfectionnement de la culture et de l'industrie, l'accroissement de la richesse et du bien-être, un meilleur emploi du travail et du crédit, une philanthropie plus éclairée et une médecine plus savante. Mais tous ces grands

changements convergent vers un but commun
et peuvent se résumer d'un mot : ils ont été la
base d'une meilleure hygiène publique et privée. N'en doutez pas, Messieurs, c'est l'hygiène
qui a fait cette merveille d'accroître la durée
de la vie, de faire reculer la mort qui doit être
la fin et non l'interruption violente de l'œuvre
de chacun.

L'hygiène suit l'individu en tout âge, en tout
lieu, en tout temps. Solitaire ou associé en
agglomérations plus ou moins considérables,
elle l'enveloppe de ses prescriptions et de ses
conseils tutélaires.

L'homme, et je prends ce mot dans son sens
général, résiste d'une manière très-variable aux
influences diverses qui l'assaillent à tout instant.
Cette force de résistance dépend de ce qu'il est,
de ce qu'il vaut, de la qualité physique et un
peu aussi de la qualité morale de sa personne.
D'autre part, les influences extérieures peuvent
être utilisées, évitées ou combattues suivant
leur nature. Et déjà, sur cet aperçu, vous
pouvez entrevoir le but de l'hygiène ou mieux
sa formule générale : accroître la résistance de

l'homme contre les influences qui menacent sa
santé ou sa vie.

Mais cette formule ne saurait vous suffire et
je sens que vous attendez quelques développements indispensables.

Tous les individus, ai-je dit, ne sont pas
pourvus d'une égale résistance. L'enfant au
berceau et le vieillard ne se comportent pas de
la même façon ; les chaleurs de l'été souvent
nuisibles au premier sont favorables au second ;
les maladies qui frappent l'un épargnent généralement l'autre, ou du moins elles revêtent
un caractère différent. Je viens d'indiquer les
extrêmes, mais entre l'enfant et l'adulte on peut
saisir des distinctions du même genre : le travail pénible, les fatigues continues sont pos-
sibles dans l'âge adulte, ils sont une cause de
dépérissement pour l'enfant. Cet examen comparatif prêterait à des considérations étendues ;
je me borne à vous l'indiquer.

De même que l'âge, le sexe crée des aptitudes diverses. Chacun sait que la femme est
moins vigoureuse que l'homme, que ce dernier
est mieux fait pour les travaux du corps ; mais

ce qu'on sait moins bien, c'est qu'à tous les âges de la vie, dans toutes les conditions, la femme est plus vivace que l'homme, qu'elle supporte mieux que lui la douleur, les privations, la maladie, et, qu'en définitive, le sexe faible est le sexe le plus résistant. Quoique cette proposition paraisse paradoxale, elle est trop bien établie par la statistique pour qu'on puisse la contester.

Tous les individus n'ont pas, vous le savez, la même constitution. Quoique la race imprime en général son cachet marqué, les variétés individuelles sont nombreuses et cela surtout dans nos pays d'Europe, où les races et les types ont subi de nombreux mélanges. Sans vous parler des tempéraments, division un peu arbitraire et médiocrement utile, vous n'ignorez pas que certains individus possèdent plus que d'autres la force musculaire, la santé régulière, l'énergie physique ou morale. C'est par là que les constitutions diffèrent et il est facile de prévoir que la résistance aux agents extérieurs sera d'autant plus faible que la constitution sera plus débile.

Ce qui influe le plus sur la constitution, c'est

l'hérédité. Nous empruntons à nos parents leurs
traits, leurs formes, leurs aptitudes, voire
même leurs maladies. De là, de ce fait que les
enfants sont souvent exposés aux mêmes maladies que leurs ascendants, résulte que les dispositions héréditaires pourront exalter, affaiblir
ou même annihiler la résistance individuelle.
Cependant on observe que la constitution n'est
pas exclusivement soumise à l'hérédité. Certaines pratiques, certaines habitudes, une sorte
d'entraînement complexe peuvent la modifier ;
il n'est pas très-rare de voir des enfants faibles
devenir des hommes vigoureux, de voir des
hommes relativement faibles conserver leurs
facultés et leurs forces jusque dans un âge
avancé. Cette modification possible de la constitution ou des constitutions est assurément
l'une des plus belles et des plus précieuses
tendances de l'hygiène.

Dès lors, Messieurs, vous comprendrez que
le genre de vie exerce une action puissante sur
la résistance individuelle. Que, d'une manière
régulière ou accidentelle, la vie soit pénible,
difficile, entravée dans ses nécessités premières,

et tout aussitôt vous voyez les individus subir plus facilement les atteintes de la maladie et y succomber en plus forte proportion que dans les conditions opposées. Plusieurs faits considérables témoignent de la vérité de cette proposition.

Le nombre proportionnel des naissances n'est pas le même dans tous les départements : dans quelques-uns il est au-dessous de la moyenne, dans d'autres il la dépasse. Vous croyez peut-être que là où les naissances sont relativement nombreuses, le chiffre de la population tend à s'accroître ? Il n'en est rien. Cet excès de naissances, qui ne concorde pas avec un accroissement de ressources alimentaires, a pour unique résultat d'aggraver la mortalité du bas âge et en somme, quand on recherche à 20 ou 25 ans combien il reste de survivants dans ces départements à naissances nombreuses, on en trouve moins que dans les départements à naissances rares. Ce n'est pas le hasard, c'est l'insuffisance relative des ressources qui produit ce résultat.

Jusqu'à ces dernières années, chaque pays vivait de ses propres ressources. Si la gelée brû-

lait le blé en germe, si la grêle brisait la vigne en fleurs, on n'avait ni pain ni vin. Chaque
fois que cette disette a été un peu marquée,
chaque fois que le pain a coûté cher, on a vu
la mortalité augmenter et le nombre des naissances diminuer.

Dans certains cas on peut saisir l'influence
permanente du bien-être sur la vitalité. A Paris,
par exemple, il y a une différence considérable
entre la mortalité des quartiers riches et celle
des quartiers pauvres. Dans ces derniers, la
population se transmet de père en fils des maladies héréditaires : scrofule, phthisie; elle vit
mal, ses défauts de constitution s'aggravent au
lieu de se corriger; elle est exposée sans défense c'est-à-dire sans résistance aux maladies.
Voici quelques chiffres qui vous permettront
de bien juger ces différences : l'année dernière,
1865, la mortalité a été de 13,5 pour 1,000 habitants dans les arrondissements du Louvre, de
la Bourse, du Temple et de l'Opéra; en même
temps, elle était de 31,3 pour 1,000 aux Bati-
gnolles, à Montmartre, aux Buttes Chaumont,
à Ménilmontant.

Vous êtes Parisiens de naissance ou de domicile, et je n'ai pas besoin de vous dire combien le bien-être de toute nature diffère dans les premiers arrondissements et dans les seconds. Ce sont les antipodes sous une même latitude. Ici, le commerce, la finance, l'aisance, le luxe; là, les pauvres habitations, les chambrées infectes, la mauvaise alimentation, les excès et les vices.

Je crois que ces preuves vous paraîtront décisives, et si je vous les ai fournies aussi complètes, c'est que de toutes les causes qui modifient la résistance individuelle, la manière de vivre est assurément celle sur laquelle nous avons le plus de prise. Or, comme l'habitation est l'un des éléments de la vie, et que ce sujet vous touche directement, il importait que vous fussiez édifiés à cet égard.

Dans les conditions de résistance que je viens d'exposer, l'homme est soumis à des influences nombreuses et diverses, les unes naturelles, les autres qu'on peut nommer artificielles ou sociales.

Les premières peuvent se ranger sous trois

16

grands chefs : l'atmosphère, l'eau et le sol.

L'atmosphère qui nous entoure, qui nous baigne, qui est notre véritable élément est sujette à des variations régulières qui dépendent des pays, des saisons, des alternatives de jour et de nuit, et aussi à des variations irrégulières liées aux mouvements incessants dont elle est agitée. Chacun de vous sait bien que la température, l'humidité, la pression barométrique, l'état électrique de l'air sont soumis à de fréquents changements. Non-seulement nous sommes impressionnés par ces transitions plus ou moins brusques, mais encore chacun de ces agents agit directement et par lui-même sur nous. Il y a des effets directs et des effets de contraste. Ajoutez, et ceci est de la plus haute importance, que l'atmosphère chimiquement constituée par l'air, le gaz respirable, *pabulum vitæ* des anciens, est, suivant sa pureté, suivant sa propreté — passez-moi le mot, il est juste, — plus ou moins favorable à l'entretien et à la régularité de nos fonctions.

D'une vue superficielle vous pourriez croire que l'eau n'a d'autre action sur l'homme que de calmer sa soif et de le débarrasser des souillures. Ce serait une immense erreur. De même que l'atmosphère, l'eau exerce sur notre organisme de puissantes influences, salutaires ou dangereuses. Réfléchissez un moment, pensez que l'eau couvre les deux tiers du globe, qu'elle monte incessamment dans l'atmosphère, qu'elle en redescend sous des formes variées pour constituer ensuite les glaciers, les lacs, les torrents qui bondissent, les ruisseaux qui murmurent, les sources, les rivières, les fleuves, les étangs, les marais; songez que, véritable Protée, l'eau se présente sous le triple état, liquide, solide et gazeux; qu'elle fait partie intégrante de tous les corps organisés, et vous présumerez la vérité, c'est-à-dire que cet agent si répandu joue dans la vie de notre globe et dans la vie humaine un rôle de premier ordre.

Le sol que foule nos pieds est une nouvelle source d'influences. Ici, il offre à la vie humaine un substratum favorable, tandis que plus loin il est par lui-même ou par suite de modifications saisonnières un foyer de maladies et sou-

vent une cause de mort. Quelque petits que
soient les reliefs de nos montagnes et la profondeur de nos vallées au point de vue des
dimensions de la terre, ces changements de niveau créent pour l'habitant des milieux essentiellement différents. Faites appel à vos souvenirs géographiques et voyez quelles variétés
présente la surface habitée de la terre : aux
pôles les déserts de neige, vers l'équateur les
déserts de sable ; sous la même latitude, les plateaux fertiles, les hautes montagnes, les grands
lacs de l'Afrique centrale ; de l'autre côté des
mers, l'Amérique avec ses forêts vierges, hu-
mides, ombreuses, ses savanes immenses, et,
dans nos pays tempérés, une nature moins
puissante, mais aussi moins violente, presque
partout soumise à l'homme, à ses besoins, à ses
goûts, *alma parens*, douce et bonne, pourvu
qu'elle soit fécondée par un travail inces-
sant.

Autrefois, vers l'enfance de l'humanité, aussi
loin que nos regards portent dans le passé,
l'homme était un pauvre petit être chétif, craintif ;
il vivait dans des cavernes ou des trous creusés

de ses faibles mains et, chasseur furtif, cher-
chait une proie facile en évitant de servir lui-
même de proie aux grands animaux, ses voisins. Depuis cette époque, si reculée que nous
ne pouvons lui assigner une date précise,
l'homme a singulièrement progressé : il marche
à la conquête de la terre, conquête inachevée,
car bien des espaces sont encore inoccupés,
bien des forces sont encore inconnues ou insou-
mises. Cette conquête s'opère lentement au milieu du flux et du reflux des migrations, mais
elle s'avance et chaque génération qui s'endort
au soir de la vie lègue à celle qui lui succède
un domaine plus vaste et des moyens d'exploitation plus complets.

Sans doute, dans cette marche progressive,
l'homme a souvent à lutter contre son semblable, car tous n'ont pas marché d'un pas égal
et beaucoup conservent encore le souvenir
de leur nature première ; il y a en eux de l'animal sauvage. Ceux-là doivent s'amender ou disparaître, c'est la loi naturelle, fatale, inéluc-
table.

Mais l'obstacle constant, ce sont ces influences

cosmiques dont je viens de vous parler, influences avec lesquelles il faut compter toujours
et qu'il faut savoir, suivant le cas, atténuer, éviter ou détruire. Œuvre laborieuse et délicate où
chaque pas demande de longs tâtonnements.

Pardonnez-moi ce coup d'œil rétrospectif et
général jeté à la dérobée sur le côté matériel de
l'histoire humaine; il nous permet d'apprécier
sinon la lutte, au moins le conflit perpétuel de
l'homme avec les forces de la nature.

Mais l'homme dont nous devons nous occuper, l'homme civilisé, a créé autour de lui, pour
son usage, tout un monde de choses; il se livre
à une série d'actes qui réagissent sur lui, sur
ses fonctions, sa santé, et qui, en définitive,
constituent une nouvelle catégorie de modi-
ficateurs parfois très-dangereux. Ces influences,
que je vous indiquais il y a quelques instants
sous le nom d'influences artificielles ou sociales,
pourraient aussi être nommées influences de
civilisation ou des professions.

Un des plus constants résultats de la vie sociale est de constituer des agglomérations, de
nombre, de forme et de persistance variables. Le

village, la ville, le camp, la caravane, le vais-
seau, la caserne, le collége, l'hôpital, le théâtre,
le prétoire, sont des exemples de ces agglomérations diverses qui entraînent des inconvénients proportionnés à leur durée et à leur
densité.

Dans ces foyers, l'air atmosphériq ue est altéré
par la respiration des hommes et des animaux,
par les émanations de leurs corps, par les fumées, les poussières, les détritus de toutes sortes. Des déjections de diverses espèces sont
produites en grande quantité; elles fermentent,
se putréfient et donnent lieu à des émanations
délétères. La mort elle-même engendre la mort
et si les cadavres des animaux et des hommes
ne sont pas promptement détruits ou ensevelis
il en résulte une nouvelle et puissante cause de
dangers pour les vivants.

Vous voyez par ce tableau que si la vie sociale
a ses avantages, ce qui n'est pas contestable,
elle a aussi ses graves inconvénients. Et je n'ai
pas tout dit encore. Il faut tenir compte des
travaux excessifs, de la fatigue extrême qui
va jusqu'à l'usure des forces, des accidents de

l'industrie : c'est la machine qui éclate, la mine qui s'éboule, la maison qui croule, c'est le feu qui brûle, le gaz qui détone. Ajoutez que certaines professions sont constamment ou accidentellement dangereuses. Les ouvriers qui sous une forme quelconque manient les sels de plomb, ceux qui emploient le mercure métallique, le sulfure de carbone, le phosphore, sont exposés à des empoisonnements dont les conséquences n'ont ni la même forme, ni la même gravité, mais qui n'en sont pas moins sérieuses au point de vue de l'hygiène. Les aiguiseurs respirent une poussière siliceuse fine qui s'incruste dans les bronches et y détermine une irritation chronique; c'est de la poussière de charbon qui pénètre dans les poumons des ouvriers de divers états qui emploient ce corps en poudre. Les rouisseurs de chanvre ou de lin sont exposés aux dangereuses émanations des routoirs et y contractent trop souvent des fièvres d'accès ou d'autres affections palustres. Je parlais tout à l'heure des éboulements de mines; ce n'est pas le seul danger de ces sombres chantiers: le feu grisou, les gaz toxiques, les inondations n'y sont malheureusement pas rares.

Le soldat et le marin peuvent aussi être exposés à des causes d'insalubrité. En tout temps le soldat (abstraction faite du champ de bataille) paye à la mort un plus fort tribut que la population civile : la vie de caserne, l'ennui en sont la cause; mais quand viennent les longues marches, l'alimentation insuffisante, les campements prolongés, alors la maladie fait plus de ravages que la poudre, et même à notre époque des corps d'armées ont été décimés dans ces conditions. Rappelez-vous l'expédition de la Dobrutsa en 1854.

Ai-je besoin de dire que malgré les immenses progrès faits dans la navigation et l'aménagement des navires, le marin est soumis dans les longues campagnes de mer à l'encombrement, au défaut de bonne eau, à une alimentation de conserves et de salaisons et que le scorbut est la conséquence de ce fâcheux état de choses?

Je n'ai pas épuisé, tant s'en faut, la liste des professions dangereuses ou insalubres, mais j'en ai dit assez pour vous faire comprendre qu'il y

a là un vaste champ de recherches pour l'hygiéniste.

Contre toutes ces influences, contre tous ces
dangers nous employons trois grands moyens :
l'alimentation, procédé primordial de réparation du corps vivant, qui fournit les éléments de
la force musculaire, du travail physique et intellectuel ; le vêtement et les soins corporels,
qui, en assurant l'exercice régulier des fonctions
de la peau, nous permettent d'éviter les variations brusques de température, le contact de la
pluie, de la neige ; l'habitation, qui d'une façon
générale remplit le rôle d'un vêtement plus
large, où nous pouvons accomplir un certain
nombre d'actes plus ou moins compliqués.

A un point de vue très-général, on peut dire
que c'est bien dans ces trois moyens que l'hygiène puise toutes ses ressources et tous ses
procédés. En les appropriant à leur but, suivant l'indication, elle arrive à des résultats
que chaque jour rend meilleurs, parce qu'ils
sont mieux cherchés et mieux poursuivis.

Messieurs, je viens de vous exposer l'ensemble des matières dont se compose l'hygiène. Sans m'astreindre à une forme trop didactique qui vous eût fatigués, et sans entrer dans des détails inutiles pour cet aperçu général, je vous ai montré l'homme doué d'une résistance variable, assailli par des influences diverses, luttant contre elles par des moyens simples, mais efficaces.

Maintenant, vous me comprendrez sans effort quand j'ajouterai qu'au point de vue de l'application, l'hygiène peut être dite privée, publique et spéciale ou professionnelle.

L'hygiène privée vise l'individu ; c'est celle à laquelle je faisais une allusion un peu ironique au commencement de cette leçon. Elle règle les repas, le sommeil et la veille, le travail, la fatigue, l'exercice, le repos et les distractions nécessaires, les soins du corps et le vêtement, les conditions de l'habitation privée.

Je ne m'arrêterai pas sur l'hygiène spéciale.

Après ce que j'ai dit des professions dangereuses et insalubres vous prévoyez son rôle. Elle a pris aujourd'hui dans l'industrie une place considérable et a déjà rendu les plus signalés

services. C'est elle qui substitue à des matières
dangereuses des matières inoffensives : elle
remplace le blanc de plomb par le blanc de zinc
et le phosphore blanc par le phosphore rouge ;
elle enlève par la ventilation les poussières nuisibles ; elle prescrit des ablutions fréquentes
qui empêchent l'absorption par la peau des
principes toxiques. La dorure au mercure a dis-
paru et bientôt peut-être les glaces et les mi-
roirs seront métallisés sans mercure. Il restera
malheureusement la terrible influence des mines où l'on exploite ce métal, mais l'hygiène n'a
guère pénétré jusque-là, et il y a tout lieu de
penser que, si on le voulait sérieusement, on
diminuerait de moitié ou des deux tiers les
calamités qui frappent les malheureux mineurs.

Ce n'est pas seulement dans ces conditions
excessives que l'hygiène est spéciale. L'hygiène
du soldat, du marin, du paysan, du vieillard, du
nouveau-né, de l'homme de cabinet, voire celle
du jockey de courses, sont autant d'hygiènes
spéciales entées sur les prescriptions de l'hygiène
générale.

Quant à l'hygiène publique, son rôle est plus

large; s'appuyant sur une bonne hygiène privée
et sur de bonnes prescriptions d'hygiène spéciale, elle procède à toutes les mesures qui
peuvent entretenir ou améliorer la situation
sanitaire des masses.

Assainissement des villes, plantations d'arbres, égouts, cimetières, voiries, aménagement
des eaux, salubrité des édifices publics, subsistances, épidémies et endémies, tels sont les
objets qu'elle embrasse.

Dès lors il est aisé de voir que l'hygiène publique touche à la politique, à l'économie
sociale, à l'industrie et qu'inversement elle
varie suivant le sens de ces formes de l'activité
humaine.

Peut-être ne saisissez-vous pas immédiatement ce lien qui place l'hygiène au premier
rang des sciences et qui devrait en faire le but
principal des gouvernements? Prenons quelques
exemples.

Les routes, les canaux, les chemins de fer,
c'est affaire de commerce et d'industrie, direz-
vous. Sans doute, mais c'est aussi l'économie
des transports, le débouché, la concurrence, la

production accrue et mieux disséminée; c'est le bien-être croissant, l'alimentation plus assurée et mieux pourvue.

Je vous ai dit, Messieurs, que les famines étaient fréquentes dans les siècles passés, je vous ai dit qu'elles faisaient périr un grand nombre d'individus, qu'elles étaient une cause de trouble et de révolte, j'ai ajouté qu'il y a un rapport constant entre l'insuffisance des récoltes, l'augmentation des morts et la diminution des naissances. Eh bien, Messieurs, en 1861 nos récoltes ont été très-insuffisantes et cependant la mortalité de la France est restée stationnaire et le chiffre des naissances normal. D'où vient cette différence? D'où vient que pour la première fois le rapport soit brisé entre la cause et l'effet?

Cela vient de ce que depuis des temps reculés jusqu'à ces dernières années on ne savait lutter contre la disette que par la prohibition.

Édits royaux, arrêts de parlements, lois, décrets, règlements, pénalité violente, tout était bon contre ceux qu'on nommait détenteurs ou accapareurs; il n'y a pas vingt ans que ces mots et ces idées étaient monnaie courante.

Au lieu de cet appareil aussi formidable qu'inutile nous avons imaginé d'acheter au voisin le blé qui nous manquait. Cette conception simple a été une révolution économique qui a mis en rumeur tous les routiniers, mais la population n'a pas souffert, et sans les débats du Corps législatif, un bon nombre de Français ne se seraient pas doutés que la disette avait marqué l'année 1861.

Voilà la politique au service de l'hygiène, et je ne saurais imaginer d'exemple plus saisissant et plus actuel pour vous montrer leurs liens.

Voulez-vous un autre exemple qui touche de plus près à l'objet de vos travaux? Londres et Paris sont deux grandes villes; Londres est plus grande, elle renferme un million d'habitants de plus que Paris; les maisons sont généralement peu élevées; elles sont occupées par un petit nombre de personnes, et en somme la population est largement disséminée. A Paris, au contraire, les maisons ont beaucoup d'étages, beaucoup d'habitants, la population est beaucoup plus pressée qu'à Londres, mais cette concen-

tration est irrégulière : elle est quatre fois plus
considérable dans les arrondissements du centre
que dans ceux qui avoisinent l'enceinte.

Est-ce un caprice ou une question de climat
qui occasionne ces différences? Non, c'est une
question d'organisation municipale. A Paris,
nous avons le mur d'octroi et la centralisation
administrative; à Londres, il n'y a pas d'octroi,
et chaque paroisse s'administre isolément.

Je n'ai pas à rechercher ici les avantages et les
inconvénients généraux de chacun de ces systèmes; ce n'est pas le lieu : mais je dois vous
montrer comment ils retentissent sur l'hygiène
des habitations. De ce que je vais dire de Paris,
vous pourrez conclure à l'inverse pour Londres.

Dans notre ville, l'octroi pèse également sur
les habitants de tous les quartiers. A ce point
de vue, il n'y a donc aucun avantage à demeurer
à ses confins. On y trouve, il est vrai, un loyer
plus faible, mais la vie y est peu facile, les voies
et moyens de communication insuffisants, les
affaires incommodes, les plaisirs nuls ou à peu
près. Dans le centre, au contraire, tout est facile,
commode, agréable en apparence. Dès lors,

chacun se rapproche suivant ses moyens des quartiers privilégiés. On se serre, on se tasse, on s'empile ; les appartements se rétrécissent, les jardins et les cours disparaissent, les étages s'accumulent et, en fin de compte, l'habitation et l'habitant subissent, presque sans s'en douter, la fâcheuse influence d'un système d'économie municipale qui est appelé à disparaître, parce que, quoique fructueux, il n'est ni juste ni profitable aux agglomérations urbaines.

Je m'arrête dans cette voie où l'économie politique et l'hygiène se côtoient de si près qu'elles se confondent pour ainsi dire. C'est leur fréquente communauté de but que je désirais vous montrer.

Maintenant, Messieurs, l'ébauche est achevée. J'ai déroulé devant vous le programme entier de l'hygiène, et je vous demande si vous n'apercevez pas la part qui est la vôtre ; si vous ne voyez pas qu'au milieu de ces influences multiples qui modifient la vie, l'architecte qui construit et dispose nos habitations ne peut marcher avec sécurité dans la réalisation de ses œuvres que s'il est en mesure de les doter de

cette qualité primordiale et nécessaire : la salubrité ; et par quelle grâce d'état, par quel don
de nature y arriverait-il s'il ne prenait la peine
d'étudier les données et les procédés de l'hygiène ?

Je ne sais si je me trompe, mais dans ma
pensée l'architecte, que je voudrais voir en
possession d'une grande et légitime autorité,
devrait à lui seul représenter une trinité :
hygiéniste instruit, constructeur savant, artiste
délicat.

Quoique au seuil de vos études, supposez-
vous sortis et bien sortis de cette école. Vous
voilà architectes, et bientôt on vous demande
des projets : qui, une maison de ville, qui, une
ferme ; vous espérez avoir à reconstruire l'école
ruinée, à élever un collége ou un hôpital.

Par où commencer ? Allez-vous aussitôt prendre
votre crayon et esquisser d'une main facile quelque joli dessin vide de sens ? J'espère que non.
Après avoir mûrement pesé les indications du
problème, après avoir apprécié son but, vous
aurez, avant de passer outre, à vous demander
où vous placerez votre édifice, comment vous

l'orienterez ; vous voudrez qu'il soit exempt d'humidité, à proximité d'une eau convenable, soustrait aux voisinages incommodes ou dangereux, que ses différentes parties et ses capacités intérieures soient aménagées de telle sorte que la vie des habitants rencontre là le milieu le plus favorable. Vous aurez à tenir compte et du climat et de la localité, de la température générale, des vents qui règnent, de leur force, de leur nature, de la sécheresse et de l'humidité.

Ne serait-ce pas pitié vraiment que de vous voir porter en tout pays la même recette et les mêmes formes de construction? Cela se voit cependant, cela se fait. Le bon sens en est révolté, le goût blessé, mais la sottise et la mode n'ont que faire du bon sens et du bon goût.

Vous, Messieurs, vous serez plus scrupuleux, vous tiendrez à honneur d'être des artistes consciencieux. Vos œuvres seront étudiées sous leurs aspects multiples : but de l'édifice, conditions de salubrité, construction, traduction artistique, et vous pouvez être assurés, si vous avez bâti avec ce quadruple ciment, de faire tout au moins des œuvres estimables et utiles.

Quant à moi, je ne puis vous aider que faible-
ment vers ces hautes aspirations, je ne puis que
vous enseigner les parties de l'hygiène qui
touchent à l'habitation privée ou publique,
mais j'estime qu'après cette première leçon vos
incertitudes et vos doutes seront éclaircis et que
vous penserez, comme moi, qu'un architecte
ignorant ou insouciant de l'hygiène est forcément un architecte insuffisant.

CHAIRE

D'HISTOIRE DES CIVILISATIONS

PROFESSEUR : M. E. BOUTMY

LEÇON D'OUVERTURE

MESSIEURS,

A première vue, on s'étonne de rencontrer un cours d'histoire générale sur le programme d'une école d'architecture. Qu'on vous enseigne la géométrie, la physique, l'hygiène, rien n'est plus naturel : le rapport de ces sciences avec votre art est évident. Mais qu'ont à faire ici les mœurs des Égyptiens et les idées religieuses des Grecs? Qu'en tirerez-vous jamais pour l'aménagement d'un hôtel et le beau style d'un escalier de palais? Voilà ce que demande l'esprit positif.

Il m'importe, il vous importe à vous-mêmes que cette question soit discutée et résolue avant toute autre : l'utilité et la convenance de ce cours en dépendent.

De longues réflexions, mûries par le doute, m'ont convaincu que l'histoire des civilisations est ici à sa place. Je n'en dirai qu'une raison, la plus essentielle.

Les monuments des temps anciens sont un de vos sujets d'étude les plus importants : vous les regardez, vous les copiez sans cesse; ils forment votre goût. Plus tard vous leur emprunterez des distributions, des ornements, des oppositions de pleins et de vides, des artifices de perspective. Que ne doit pas la moindre construction moderne aux ruines de la Grèce et de Rome, aux chefs-d'œuvre moins atteints qu'a laissés la Renaissance ?

Il vous importe donc, non-seulement de connaître les grands styles, mais de les bien comprendre. Or leur sens le plus profond échappe à l'œil de l'artiste; il ne se découvre et ne s'éclaire que dans le vaste tableau de la civilisation toute entière. Les architectures originales ne sont pas en effet une simple collection de figures qui plaisent aux yeux; c'est une des langues les plus senties, les plus chargées de pensée et de passion qui parlent les croyances religieuses, les habitudes sociales, les intérêts politiques de chaque siècle. Sans doute la fantaisie de l'architecte a disposé librement de plus d'un détail; mais toutes les formes essentielles, toutes les dispositions typiques ont cédé à la pression des grands faits moraux contemporains, comme la terre au doigt du sculpteur; le style de chaque époque n'est guère autre chose que cette puissante empreinte. C'est donc à l'histoire, haute interprète des idées générales qui ont fait de ces formes leurs symboles, des passions qu'elles ont satisfaites, des mœurs qui s'y sont trouvées à l'aise, du tour d'esprit qui les a suggérées, goûtées et propagées, qu'il appartient d'en déterminer le sens et d'en marquer l'accent.

Je trouve un exemple qui me tente dans une partie spéciale et néanmoins essentielle de l'architecture, l'art des jardins :

Si vous le considérez au XVIIe siècle sous

Lenôtre, puis au xviiie sous Brown et Kent,
vous trouverez qu'il a entièrement changé d'un
siècle à l'autre. Est-ce un hasard? Non; cette
transformation du jardin répond avec une justesse parfaite à la transformation qui s'est faite
dans l'esprit, dans l'imagination et dans les
mœurs de 1650 à 1750.

En 1650, l'un des grands traits de l'esprit,
c'est que l'homme ne veut voir que l'homme; il
ne fait pas attention à la nature, ou s'il la re-
garde, ce n'est pas pour y retrouver une famille
de créatures fraternelles qui font écho à ses
sentiments; il se la figure comme un magasin
d'instruments faits à sa main; il y cherche des
agréments et des commodités pour lui et ses
semblables. La phraséologie du temps révèle
cette tendance; le gazon n'y est jamais qu'un
tapis, le chêne qu'un ombrage; encore n'appa-
raissent-ils guère dans les œuvres poétiques,
réservées pour la peinture de l'homme et de ses
sentiments.

Et maintenant, cet homme lui-même, qu'est-
il? La société de cette époque s'offre sous la
figure d'un personnage puissant disposant des

honneurs, des places, des pensions, et groupant autour de lui ceux qui convoitent ces faveurs mondaines. Ils sont tous là, maîtresses, courtisans, parasites, pédants, bravaches, bouffons, suivant de l'œil chaque mouvement du patron, quêtant un signe de tête, flairant et aspirant une largesse, cherchant à se rendre agréables; et là force, la sécurité, la gloire du patron est d'avoir le plus possible de ces hommes dévoués à sa fortune, associés à sa vie, et de les traiter magnifiquement.

Vous voyez à quoi mène un tel état social. La vie à cette époque est entièrement dénuée de fraîcheur; il n'y germe pas la plus petite pastorale. Elle est toute faite d'intrigues, d'artifices, de représentation, d'apparat, de politesse. C'est, si vous voulez un mot plus moderne, une vie de salon et de conversation par excellence, c'est-à-dire avec exclusion et effacement de tous les goûts et de toutes les idées qui naissent du séjour à la campagne et de la rêverie solitaire.

Que sera le jardin pour des hommes ainsi faits? Vous le devinez, ce sera le salon agrandi,

étendu au delà des murs de la maison et jusqu'aux limites du parc. Dans ce salon *sub Dio*
en quelque sorte, il n'y a rien qui ne réponde
par sa disposition à une disposition semblable
du salon intérieur. Les buis figurent la plinthe,
les charmilles taillées se posent sur les troncs
également espacés des chênes comme des ten-
tures accrochées à une colonnade; ce noble
horizon au bout de l'allée rappelle la belle ta-
pisserie de Flandre qui fait le fond de l'appartement; ces statues en file rappellent la rangée
des portraits d'ancêtres. Dans cette avenue
droite, semblable à une galerie intérieure du
palais, sur ce sable fin qui respecte les talons
rouges, je crois voir le grand seigneur se pro-
mener à l'aise, suivi de sa cour qui s'espace avec
ordre dans les largeurs de l'allée. Il parle à
tous, s'il veut; s'il veut, il s'avance avec le fa-
vori du moment et les autres marchent à distance. Aucune sinuosité, aucun accident de terrain n'arrête ou ne distrait cette procession en
cérémonie; parfois seulement une statue, une
copie de l'antique attire les regards du maître,
lui permet de montrer des restes de latin aux-

quels le pédant de la troupe répond par une
allusion savamment adulatrice. Recomposez,
Messieurs, en complétant ces quelques traits
par ceux qui sont dans votre mémoire, la vie
des hommes du xviie siècle, et vous comprendrez pourquoi c'est alors qu'a fleuri le style de
Lenôtre, dont le modèle le plus parfait est le
parc de Versailles, de même que le type achevé
de la société que je viens de décrire est la cour
de Louis XIV.

Au xviiie siècle tout a changé. On n'a plus
qu'une pensée : c'est de revenir à la nature. On
croit que la civilisation a gâté l'œuvre divine.
Qui nous rendra l'homme pur, l'homme non
corrompu par la société, les lettres et les arts?
C'est le cri que le xviiie siècle répète après
Rousseau. Et cet homme, on le cherche partout,
chez les Troglodytes, en Chine, dans les forêts
de l'Amérique. Retrouver le sauvage et lui res-
sembler, c'est le rêve de la France et de l'Europe pendant tout le dernier siècle.

Il est aisé d'imaginer le jardin qui plaira à de
tels hommes. Ce ne sera plus le salon agrandi ;
ce sera la forêt restreinte, ramenée aux dimen-

sions d'un parc. Il y faudra tout ce qu'on trouve
dans la forêt naturelle ; des essences variées
poussant au hasard, des branches projetées à
l'aventure, des feuillages qui se dénouent sur
le sentier. Le sentier lui-même sera sinueux,
montera, descendra, tournera, traversera quelque ruisseau amené là par la pente, débouchera
brusquement dans une clairière ; ici un tertre,
des rochers, quelques arbres morts même,
comme Brown en faisait mettre à Kensington ;
n'y en a-t-il pas dans la nature? Plus loin je
rencontre un pont, formé d'un tronc d'arbre,
comme le pourrait faire un habitant des forêts,
et j'aperçois même dans ce bras élargi du ruisseau la pirogue du Mohican. Des chèvres, des
buffles, des cerfs ajouteront à cet ensemble un
charme rustique ou sauvage. Tel est en effet,
Messieurs, le style des jardins dessinés par
Brown et Kent. Ici encore, vous voyez avec
quelle justesse ce style répond à l'état d'imagination des hommes qui se sont plu à le créer ou
à l'imiter.

Cet exemple vous montre, Messieurs, ce
que les commentaires de l'histoire ajoutent à

l'étude oculaire des monuments; ils démê-
lent l'esprit vivant qui remplit ces formes matérielles, ils en trouvent le sens et en marquent
le vrai caractère. L'enseignement de cette chaire
et celui dont il est la préface (1), n'ont point un
autre objet, et, à ce titre, mon insuffisance seule
pourrait vous rendre incertains de leur convenance et de leur haut intérêt.

C'est à M. Ch. Blanc que reviendra la tâche
de vous faire suivre dans le détail ces corres-
pondances délicates de l'état social et de l'architecture. Mon rôle est plus modeste; il consiste à poser largement et solidement le premier
des termes du rapport, en esquissant à grands
traits toutes les civilisations au sein desquelles
a fleuri une architecture générale. Les Hindous,
les Assyriens, les Perses, les Égyptiens, les
Grecs, les Romains, les Arabes, les Byzantins,
le Moyen âge, la Renaissance, le xviie, le xviiie
et le xixe siècles; voilà, suivant l'ordre des temps
et d'après les divisions naturelles des races,
toute la matière des leçons qui vont suivre.

(1) Le cours sur l'histoire comparée de l'architecture, qui sera pro-
fessé, l'année prochaine, par M. Charles Blanc.

Le temps me manquerait pour aborder aujourd'hui l'un de ces graves sujets, d'ailleurs
une autre question m'attire. Je voudrais user de
la liberté que comporte une leçon d'ouverture
pour étudier les influences que la qualité du sol,
le climat, la distribution des animaux et des
plantes, la configuration des continents et des
mers, la disposition des montagnes, des vallées
et des plaines ont exercées sur la société humaine
primitive. Nous poursuivons ici, vous le voyez,
des causes plus générales que le génie des races,
antérieures même à toute vie sociale : ce sont
comme les lois ante-historiques de la civilisation
que nous demandons à l'examen des forces de
la nature et des conditions où s'est trouvée l'humanité naissante.

I

Avant d'entrer dans le sujet lui-même, il convient de poser les idées générales qui le domi
nent et d'où descendra la solution de chaque

problème particulier. J'aborde cette préface nécessaire.

Une première question se pose d'elle-même :
Qu'est-ce que la civilisation? La civilisation,
Messieurs, est l'accroissement régulier et suivi
du capital d'outils et de moyens de subsistance,
de faits connus et d'idées générales, de procédés et de talents acquis dont l'humanité dispose. Remarquez le mot capital; il vous met
sur la trace des deux conditions générales qu'il
faut à la civilisation pour prospérer; ce sont
celles sans lesquelles aucune *épargne* ne peut
se conserver ni s'accroître. Supposons en effet
que par une lacune dans la suite des générations, les richesses épargnées ne trouvent
plus de travailleurs pour les consommer re-
productivement ni les vérités acquises de cer-
veaux pour les recevoir et les transmettre à
d'autres. Évidemment, le fonds social accumulé
jusque-là sera perdu sans retour, et tout sera
à refaire pour le nouvel essaim, s'il en sort un
quelque jour d'un nouvel effort de l'énergie
créatrice. La première condition essentielle du
progrès est donc que des circonstances propices

assurent l'hérédité continue des générations.
La seconde est que l'homme, après avoir pourvu
à sa subsistance, ait du temps et de la force de
reste. Sans le loisir, sans la liberté fertile d'un
esprit dispos, on peut conserver les biens acquis, mais on ne les augmente pas ; car ces
deux choses sont comme l'atmosphère où ger-
ment et fleurissent jusqu'au fruit l'observation,
la comparaison, le raisonnement, artisans de
toute nouveauté. Comment avez-vous trouvé la
loi de la gravitation ? demandait-on à Newton. —
En y pensant toujours. — Il en est ainsi de toutes
les grandes œuvres de l'esprit ; il faut pouvoir y
penser souvent et longtemps. Aujourd'hui, si la
civilisation n'avait d'autre artisan que le pêcheur
de Bretagne, exilé pendant huit jours à la recherche d'un beau coup de filet ou le *spinner* de Manchester absorbé par le gouvernement machinal
de sa bobine, elle ne ferait aucun progrès ; mais
elle a aussi le savant auquel ce travail stérile
en lui-même ménage de féconds loisirs. De
même, à l'origine, la société ne deviendra progressive que si des circonstances favorables,
suppléant en partie à l'effort humain dans les

œuvres de pure conservation, dégagent, au profit de la réflexion posée et recueillie, une somme considérable de temps et d'énergie intellectuelle.

Ces conditions peuvent nous sembler aujourd'hui bien simples et bien faciles à réunir ; mais que de chances elles ont pour dépasser les forces et la portée de la société naissante ! Songez que cette société n'a aucune partie de l'outillage dont nous nous servons aujourd'hui ; les métaux et partant les instruments du labourage, les appareils de l'industrie, les armes lui manquent à la fois ; les animaux propres à la domestication sont encore sauvages ; aucune réserve de choses comestibles ne lui garantit sa subsistance pendant les saisons stériles : en un mot elle n'a pas encore la première des épargnes qui doivent former son capital matériel. Le capital intellectuel ne lui fait pas moins défaut. Aucune observation n'a été recueillie ; aucun art n'est sorti des erreurs instructives du passé ; la tradition n'est pas née. Les facultés de l'esprit sont pour ainsi dire à l'état fluide ; vingt ou trente siècles passeront en-

core avant que les analytiques d'Aristote et
l'organum de Bacon aient donné une forme
définie et cristalline à la déduction et à l'induction. La simple abstraction même ne s'est pas
dégagée et isolée des impressions sensibles ; elle
reste comme enveloppée par les brumes ma-
tinales de l'imagination. Il est presque impossible de se figurer, sans l'atténuer involontai-
rement par quelque mélange des biens que la
longue vie de l'humanité a laissés après elle, un
tel état d'indigence et de faiblesse, de confusion
et de stupeur, de disette expérimentale et d'i-
nexpérience logique.

Vous voyez où nous en sommes, Messieurs,
nous tenons les deux conditions générales de la
civilisation, à savoir l'hérédité continue des générations et de vastes loisirs laissés à l'homme
par les soins de la vie pratique; nous tenons
aussi un fait essentiel, l'extrême impuissance
de la société primitive. Avec ces données, nous
pouvons aborder le problème plus spécial qui
est proprement le sujet de cette leçon. Il est
vraisemblable, en effet, que cette société si
faible n'a pu se développer partout indifférem-

ment ; lorsqu'elle l'a fait, c'est sans aucun doute grâce à des circonstances singulièrement propices de sol, de climat, de configuration géographique. Ce sont ces circonstances qu'il s'agit de déterminer ; bien comprises et groupées avec art, elles n'expliquent pas moins que le lieu primitif où la civilisation apparaît, le sens suivant lequel elle s'avance, les limites qui la bornent à chaque époque, le procédé par lequel elle accomplit son œuvre et se propage.

II

Je prends l'un après l'autre les grands faits naturels et j'essaie de déterminer l'influence qu'ils ont eue sur la société humaine primitive. Le plus important de tous, le plus riche en conséquences, est le climat.

La première condition du progrès, en ce genre, c'est que le pays auquel le pouvoir créateur confie la première génération humaine ait un climat égal : j'entends par là que la température

n'y ait point de variations très-étendues et très-
rapides. On sait, en effet, à quel point ces
variations sont dangereuses, même pour des
hommes pourvus d'une expérience et de ressources qui sont l'œuvre des siècles. Elles ont
donc chance de détruire entièrement le premier essaim, si neuf aux dangers, si pauvre
en moyens de résistance; c'est pourquoi partout
où l'écart entre les maximums de chaud et de
froid est considérable, partout aussi où l'atmosphère passe brusquement d'une basse température à une température élevée, vous pouvez
prononcer *à priori* que la civilisation, s'il y en
a une, n'a point été primitive et autochtone,
qu'elle a été importée ultérieurement, et qu'elle
avait d'abord éclos et grandi ailleurs, dans un
milieu atmosphérique moins variable.

Je prends pour exemple le territoire des
États-Unis d'Amérique. Depuis deux siècles, la
civilisation s'y est développée avec une énergie
et une impétuosité qui font contraste avec la
stérilité des temps antérieurs. N'est-ce pas un
fait significatif que dans cette même région où
des races nées et mûries ailleurs ont trouvé

toutes les conditions d'un progrès rapide; deux ou trois mille ans n'aient produit sur place qu'une société incroyablement indigente en idées, en instruments, en expérience : celle des tribus indiennes? Cette pauvreté de la production indigène et primitive a pour cause, selon toute apparence, l'extrême inconstance du climat.

Consultez les voyageurs, les géographes, et au premier rang Volney, qui a vu et décrit avec le soin le plus minutieux toutes les provinces de l'Amérique du Nord. Sa description date de 1798, c'est-à-dire d'une époque où le système de défrichement, appliqué depuis sur la plus vaste échelle, n'avait pas encore changé sensiblement les anciennes conditions atmosphériques. Or voici quelles étaient, de son temps, les variations de la température annuelle, dans quelques-unes des principales villes d'Europe et d'Amérique, situées à peu près au même degré de latitude :

	Latitude.	Max. de chaud.	Max. de froid.	Échelle de variation
Rome	41 53	24°	0°	24°
Marseille	43 17	25°	4°	29°
Padoue	45 22	29°	10°	39°
Salem (près Boston)	42 35	31°1/2	19°1/2	51°

Il vous suffit, Messieurs, d'un coup d'œil jeté
sur ce tableau pour voir que l'échelle de variation a une étendue bien autrement considérable en Amérique qu'en Europe. Il y a des
États, par exemple le Massachusets, où elle ne
comprend pas moins de 60 à 66 degrés Réaumur, et dans les provinces les plus favorisées,
en Caroline, en Géorgie elle atteint jusqu'à 32
ou 34 degrés. De là vient que les voyageurs qui
arrivent de pays plus méridionaux et à température plus constante, par exemple de Cara-
cas, trouvent que la chaleur devient d'autant
plus accablante qu'ils remontent vers le Nord.
Elle l'est, en effet, non par son élévation absolue, mais par le violent contraste des tempé-
ratures successives et par le sentiment de
dépression physique qui en est la suite.

Si vous considérez de même l'échelle des variations diurnes, vous voyez qu'elle a en Amérique une étendue considérable. En Pensylvanie
elle atteint assez ordinairement 6 à 8 degrés
Réaumur, et à Savannah, Henri Ellis vit d'un
jour à l'autre une variation de 21 degrés. Enfin
l'inconstance de l'atmosphère égale celle de la

température : « Je n'ai point vu, dit Volney, le même vent régner trente heures de suite aux États-Unis. » Ces vents sont en outre plus forts qu'en Europe, ce qui produit des pluies instantanées et un grand nombre d'orages.

De tous ces faits ensemble, Messieurs, ressort une conséquence qu'il suffit d'énoncer. Toutes les causes de maladie et de mort que produisent dans notre hémisphère les changements de saison, de température, d'état hygrométrique, se retrouvent aux États-Unis, elles s'y retrouvent multipliées, accrues, aggravées au point que ce n'est pas trop de toutes les observations et de toutes les ressources accumulées par une longue suite de générations, pour les bien connaître et s'en garantir. Comment le premier essaim, si fragile et si menacé, n'aurait-il point succombé ? l'espace de quelques printemps , voilà tout ce ce qu'il pouvait obtenir d'une série extraordinaire de hasards heureux; après cela il disparaissait, entraînant avec lui son épargne d'instruments et de connaissances, laissant tout à refaire à une génération sortie d'un nouveau germe. Une succession sans cesse rompue d'essais avortés, de commencements sans suite, voilà donc ce que de sérieuses inductions nous font entrevoir dans le passé ante-historique de l'Amérique du Nord ; et en effet, l'organisation rudimentaire et visiblement récente des Peaux Rouges, à une époque où l'Europe en est à sa seconde floraison intellectuelle et sociale, démontre, par le caractère incomplet et tardif d'un tel résultat, à quel point l'inégalité du climat fait obstacle à la première éclosion du progrès.

Vous pouvez vous donner une preuve inverse de la même loi en étudiant ce qui s'est passé en Égypte. L'Égypte est un pays dont les conditions atmosphériques sont à peu près invariables. « Après les Libyens, dit Hérodote, il n'y a point d'hommes qui aient un meilleur tempérament que les Égyptiens. Cela vient, je pense, de ce que les saisons ne varient jamais dans ce pays ; car ce sont les variations de l'air et des saisons qui sont la cause des maladies. » Or, vous n'ignorez pas que l'Égypte a été le siége de la plus ancienne civilisation qu'il y ait eu au monde. Nous sommes ainsi ramenés par une autre voie à la même conclusion que tout à l'heure, à savoir que la société primitive n'a pu se développer avec suite que dans les pays où la constance des conditions atmosphériques assurait, par un surplus de chances favorables, l'hérédité continue des générations et la transmission des connaissances acquises.

III

Une seconde circonstance, non moins décisive, est l'intensité du froid.

Au premier abord, la rigueur du climat semble une condition favorable. En effet, le froid est un stimulant. Directement ou par réaction, il donne au corps, aux nerfs, à l'âme elle-même, une activité supérieure à celle des contrées chaudes, et cette supériorité se traduit par un excédant dans la masse des biens produits et des connaissances acquises. Représentez-vous un Londoner de la cité, grand, maigre,

l'œil fixe, allant droit à ses affaires de ce pas
rapide qui faisait dire à Hamilton, qu'un Anglais a toujours l'air d'aller chercher un accou-
cheur ; puis, faites sortir du souvenir d'un
tableau de Decamps l'image d'un Turc de
Constantinople, assis sur une natte, les jambes
croisées, et contemplant à travers les vapeurs
du narguilé les magnificences de la Corne d'Or.
Vous saisirez ainsi dans deux sensations conti-
guës les effets opposés du froid et du chaud,
sur le tempérament et les aptitudes de l'homme.
Nul doute que le premier ne soit plus propre
que l'autre à hâter les accroissements de l'épargne sociale et à multiplier ainsi les instruments
du progrès ultérieur. C'est évidemment à une
influence de ce genre que l'Angleterre a dû
dans les temps modernes la supériorité de sa
civilisation sur les civilisations méridionales.

Toutefois, cette influence favorable ne pouvait guère devenir décisive que dans un état
de civilisation assez avancé et au sein d'une société déjà pourvue de tout le nécessaire. A une
époque où on en est encore à la question de
vivre, la rigueur du climat est bien plutôt un

obstacle au progrès, parce qu'elle augmente à la fois les besoins de l'homme et la difficulté de les satisfaire. La construction d'une demeure, par exemple, est bien plus compliquée dans les pays froids que dans les pays chauds : il ne faut pas moins qu'une enceinte parfaitement close au vent, à la pluie, aux intempéries de toutes natures. C'est la maison de pierres ou de briques, avec sa maçonnerie disposée avec art, ses toits angulaires, ses gouttières pour l'écoulement des eaux, etc...... en un mot, avec tout un ensemble de conditions qui supposent une longue suite de calculs et d'efforts. Par des raisons du même ordre, l'habitant des pays froids a besoin d'un vêtement épais et d'un tissu serré, et comme les végétaux ne lui fournissent que les éléments bruts d'étoffes légères et pénétrables, c'est aux animaux qu'il devra prendre les peaux et les laines dont il couvre son corps. Or, les animaux fuient ou se défendent, ce qui oblige l'homme à les poursuivre et à les combattre, non sans beaucoup de peine et de dangers. Qui ne se rappelle, pour l'avoir vue sur des estampes, la courte et

massive figure du Lapon, enfoui sous sa triple
fourrure, laborieusement enlevée au renne rapide ou à l'ours féroce. Même difficulté pour
l'alimentation. Le mouvement presque conti-
nuel, qui est nécessaire pour entretenir la chaleur vitale, amène une déperdition considérable
de matière; il faut pour y suppléer une nourriture abondante, et le soleil pâle, le sol sans
chaleur n'accordent rien qu'au travail assidu
et à une habileté qui est l'œuvre des siècles.
L'appétit des races germaniques, qui ne se
satisfait pas à moins de cinq repas par jour,
les procédés artificiels et compliqués de l'a-
griculture anglaise, sont des exemples de cette
double nécessité. En outre, la respiration
devenant d'autant plus rapide que le froid
est plus intense, il faut que les aliments soient
de nature à réparer l'énorme quantité de carbone qu'elle consomme, d'où il suit qu'ils
devront être composés surtout d'huiles et de
graisses. Au lieu d'une nourriture végétale, qui
est celle qu'on se procure avec le moins de
frais, l'homme des pays froids recherche donc
surtout la chair des animaux. On sait en effet

que les légumes sont à peine représentés dans
la cuisine anglaise, et l'Esquimau dévore, dit-
on, jusqu'à vingt livres de viande par jour.
La chasse, la pêche, l'élève des bestiaux, œuvres où l'on ne réussit qu'au prix de beaucoup
de travail, de temps et d'art, seront donc, dès
l'origine, des industries indispensables dans les
pays à basse température.

Il est facile de voir, Messieurs, que toutes ces
conséquences tendent à une conséquence ultérieure unique, à savoir, que la civilisation primitive n'a pu naître ni se développer dans les
zones froides. En effet, la faiblesse et l'ignorance de l'homme étant extrêmes, ses besoins
très-étendus, ses moyens de subsistance rares
et compliqués, la conservation de l'espèce et la
succession suivie des générations, deviendront
des œuvres d'une difficulté supérieure aux forces
dont la nature dispose en de tels climats. Que
de chances pour que le froid, la faim, la dent
des animaux féroces, les maladies anéantissent
à plusieurs reprises le premier essaim! Ainsi, la
première condition de la civilisation primitive,
la continuité, ne pourra être obtenue ou ne le

sera qu'à grand'peine. La seconde, qui est le loisir et la liberté d'esprit, manquera plus sûrement encore. Si notre pauvre colonie se conserve, ce sera à la condition que tous ses efforts, toute son attention appartiennent au soin impérieux de la subsistance. Chasser, pêcher, conduire ses troupeaux de pâturage en pâturage, voilà de quoi remplir la vie de ces hommes; des milliers d'années passeront avant qu'ils puissent faire aucune autre chose ou seulement perfectionner l'outillage dont ils s'aident dans ces œuvres quotidiennes; car, pour cela même, il faut du temps et une application soutenue. Dans de telles conditions, j'imagine qu'il n'y aurait point de premier jour pour le progrès, si le contact d'une race mieux pourvue, apportant à ces déshérités des connaissances qui accélèrent la production, des instruments qui abrégent le travail, ne leur procurait enfin, avec la première épargne, une première heure de loisir et de recueillement. Jusqu'à cette rencontre souvent tardive, les races autochtones des pays froids seront condamnées à dépenser toutes leurs forces dans l'œuvre inférieure de la

conservation, et à rester privées de toute culture supérieure.

Les Bretons d'Agricola, les Gaulois de Jules
César, les Tartares contemporains, confirme-
raient au besoin la loi qui vient d'être énoncée;
je m'en tiendrai aux Scythes d'Hérodote. Vous
n'ignorez pas que la présence et le labeur de
l'homme ont fait en Europe ce qu'ils font partout ailleurs; ils y ont élevé la température et
adouci le climat; les glaces du Tibre et de
l'Arno chantées par Horace sont inconnues aux
almanachs modernes. La Scythie était donc
singulièrement plus froide autrefois qu'aujour-
d'hui. « L'hiver, écrivait Hérodote, y dure six
mois entiers, et la température est encore très-
basse pendant quatre autres mois. »

Or, quelles ont été les destinées de la civilisation parmi ces peuples? Elle y est restée rudimentaire ; elle n'a pas fait le moindre progrès
pendant des siècles. Considérez le monde médi-
terranéen au temps d'Hérodote; dans les parties chaudes vous apercevez la société égyptienne en décadence, la société grecque en pleine
fleur. En philosophie, en morale, en religion,

en politique, l'esprit humain a découvert les
vérités essentielles sur lesquelles nous vivons
encore; en poésie, il a créé ou prépare des
œuvres qui ne seront pas surpassées. Dans le
même temps, que voyez-vous en Scythie? Hérodote vous l'apprend : Les hommes habitent sur
des chariots avec leurs femmes et leurs enfants;
la plupart vivent de fromages faits avec du lait
de jument. Si quelques tribus consomment des
céréales, c'est que le voisinage de la colonie
grecque d'Olbia, à l'embouchure de l'Hypanis,
les a initiés au labourage et convertis à la nourriture végétale. Mais le grand nombre est resté
nomade. Leurs instincts et leurs mœurs repro-
duisent assez exactement ce que nos pionniers
d'Amérique racontaient des peuplades indiennes. Comme les Peaux Rouges, ils ont l'habitude
de scalper; ils vident ensuite la peau du crâne,
la pétrissent et s'en font des trophées qu'ils
attachent à leurs selles; ils boivent aussi le
sang de leurs ennemis. Leur manque d'industrie dépasse toute croyance; le chanvre pousse
sur leur sol à l'état natif, et tout près d'eux les
Thraces s'en fabriquent de si beaux habits

qu'on dirait du lin ; les Scythes après tant de
siècles n'en savent rien faire, si ce n'est d'en
brûler la graine sur des pierres rougies au feu ;
il sort une vapeur épaisse ; ils s'y plongent
et en sortent tour à tour en poussant des cris
confus. Voilà, Messieurs, où en sont ces peuples
à la veille du siècle de Périclès. Maintenant
laissez couler sept cents ans, et tandis que les
régions chaudes de l'Europe vous offriront le
spectacle de la robuste civilisation romaine succédant aux délicatesses de la société grecque,
les Scythes seront encore dans le même état
d'ignorance et de barbarie : tant il est vrai que
l'extrême rigueur du climat est un obstacle
invincible au progrès d'une société primitive.
Il ne faudra pas moins que l'invasion de l'Empire, c'est-à-dire un large emprunt au capital
d'instruments et d'expérience formé sous un
ciel plus tempéré, pour dégager de cette lutte
improductive contre une nature rebelle, l'excédant de temps, d'énergie et d'attention sans lequel il n'y a pas de progrès possible.

IV

L'élévation de la température a une influence non moins considérable sur la société humaine naissante.

Au premier abord, les pays où la chaleur est intense semblent réunir toutes les conditions qui assurent un progrès rapide aux races nées sur leur sol. Les besoins y sont simples et les choses nécessaires s'offrent d'elles-mêmes; la demeure n'est pas autre chose qu'un abri contre le soleil : telle, la tente de l'Arabe ou la hutte de bois de l'Hindou. La douceur du climat rend tout vêtement inutile; une saine nudité ou bien un simple voile de décence dont le cotonnier offre la matière toute préparée pour le tissage ne coûtent rien au temps et aux forces de l'homme. Une petite quantité d'aliments suffit pour le soutenir, et ces aliments, tous végétaux, lui épargnent les difficultés de la chasse et de la pêche; de plus, un sol incroyablement fertile les fournit gratuitement. C'est dans ces régions en effet que poussent à l'état natif le riz qui est la plus nutritive des céréales, le palmier dont on a vu deux cents prospérer dans l'espace d'un arpent, le dourrha égyptien dont le rendement est de deux cent quarante pour un, le maïs qui a donné au Mexique jusqu'à huit cents pour un, enfin le bananier, qui peut fournir, dans l'étendue d'un arpent, la nourriture de cinquante personnes, tandis que la même étendue semée en blé n'en peut nourrir que deux. Une telle surabondance de ressources, combinée avec une telle modicité de besoins, semble prédestiner les climats chauds à être le siége du premier développement social, car elle assure à l'homme, dès le principe, de vastes loisirs et l'hérédité suivie des générations.

Toutefois il arrive souvent que ces avantages si décisifs sont contrariés et annulés par d'autres conséquences de l'extrême chaleur. Ici, par exemple, les ardeurs du soleil ont séché les sucs de la terre, brûlé ses productions, recouvert une immense étendue d'une stérile couche de sable.

C'est le cas de l'Arabie et de la partie centrale
du continent africain. Toutes les facilités que
procure la fécondité gratuite de la terre disparaissent donc ici par exception, et nous retrouvons au contraire toutes les conditions défavorables que produit la stérilité du sol dans les
contrées froides. Aussi les populations de l'A-
rabie sont-elles restées stationnaires pendant
des siècles, et de nos jours celles de l'Afrique se
sont montrées à Livingstone dans le plus triste
état d'infériorité intellectuelle et morale.

Il y a un autre cas particulier : c'est celui
où une chaleur intense se combine avec une
grande humidité ; alors c'est la richesse même
de la nature qui devient un obstacle au progrès.
C'est ce qui est arrivé au Brésil. On s'étonne de
voir que dans le pays le plus fertile de l'univers, un cinquantième à peine de la terre soit
cultivé ; que sur un espace quatorze fois grand
comme la France, il y ait à peine huit millions
d'âmes, et que cette population n'ait en aucun
temps fait figure dans l'histoire du monde. Un
esprit subtil et profond, Buckle, a résolu cette
contradiction apparente. Il attribue les lenteurs

de la civilisation brésilienne à l'extrême chaleur et aux vents alisés. Après avoir traversé
toute l'étendue de l'Atlantique, ces vents arrivent
chargés de nuages ; arrêtés par les Cordillères,
ils laissent tomber dans la plaine que ces montagnes bornent à l'ouest une énorme charge
d'humidité qui, jointe aux ardeurs d'un ciel de
feu, donne à toute la nature vivante des proportions presque monstrueuses. L'homme n'est
pas seulement ébloui jusqu'à l'épouvante ; il est
écrasé. Il n'arrive pas à prendre possession de
ce monde matériel dont les dimensions et la
fécondité exubérante l'effrayent, l'annulent, le
refoulent à chaque pas. La largeur des fleuves
défie les ponts qu'il essaie de construire ; les
forêts impénétrables et pullulentes referment
en quelques jours les sentiers qu'il y ouvre ; des
carnassiers redoutables, des reptiles en défendent l'entrée ; des ouragans arrachent de terre
ses édifices ; des plaies de sauterelles, des nuées
d'oiseaux dévorent ses moissons ; des milliers
d'êtres animés empoisonnent de leurs détritus
l'air de ses belles vallées ; en un mot, la puissance et la profusion même de la nature phy-

sique le tient à l'étroit, le réduit à l'insigni-
fiance. Bien loin qu'il soit le maître et le roi,
il n'est qu'un des membres les plus faibles et
les plus menacés de cette faune et de cette
flore exubérantes au sein desquelles il demeure
perdu.

Ces faits sont particuliers à certaines régions ;
mais il y a en outre une influence générale qui
s'exerce dans tous les pays où règne une température élevée. La nature a beau y combler
l'homme de ses dons, c'est l'homme qui fait ici
défaut à la nature. Accablé par la chaleur, il
donne au sommeil et à des rêves stériles le loisir que lui laisse une facile subsistance. Toutes
les fonctions de l'âme et de l'esprit, et surtout
celles qui sont saines, pratiques, fécondes en
produits durables, s'arrêtent et languissent.
L'attention, l'effort, le travail suivi, devien-
nent impossibles à l'homme, et non moins
qu'eux la civilisation dont ils sont l'instrument
nécessaire. Parcourez les pays où la température habituelle est très-élevée : la civilisation y
est rare, aucune civilisation n'y est autochthone.
On peut dire que la zone torride n'a pas, par

elle-même, ajouté une obole au capital du genre humain. Quant au Mexique, à Panama, à l'Hindoustan, qui font en apparence exception à la règle, ils y rentrent et la confirment ; le progrès n'y est pas né sur place, il y a été importé par des races venues de contrées plus septentrionales et plus froides; ici, par les Toltèques, dont on peut suivre la trace depuis le nord du Mexique jusque dans l'isthme, à Uxmal, à Copan, à Palenque; là, par les Aryens, descendus des plateaux du Kaboul. Quant aux races indigènes, plusieurs siècles n'avaient pu les faire sortir de l'état de barbarie.

Si vous groupez ensemble dans votre esprit toutes les considérations qui précèdent, il en ressortira cette conclusion générale : que la civilisation primitive, ne pouvant se développer ni dans les pays très-froids, ni dans les pays très-chauds, se sera tenue dans une région moyenne, également éloignée du pôle et de l'équateur; et l'histoire confirme pleinement cette induction.

Si, en effet, vous étudiez la carte du monde, vous voyez que toutes les civilisations antérieures, je suppose, à l'an 500 avant J.-C. sont comprises dans un étroit espace, entre le trentième et le quarantième parallèle.

En Asie, cet intervalle est celui de Péking à Nanking, foyer de la civilisation chinoise ; il enserre le plateau du sud de la Boukkarie, où se sont constitués les premiers groupes de la race aryenne, et le Penjab, berceau de la société brahmanique ; il comprend l'emplacement des empires assyriens, perses, phéniciens, lydiens, juifs ; tandis que le trentième parallèle passe à Memphis, siége des premières dynasties égyptiennes, le quarantième découpe la Grèce méridionale, rejetant au nord la Macédoine et la Thrace, si longtemps barbares ; laissant en dehors de la zone prédestinée l'Italie étrusque et romaine, il sépare de la Péninsule cette région méridionale, qu'on appela la Grande-Grèce, et qui atteignit avant tout le reste un si haut degré de prospérité et de culture. Enfin il partage en deux le continent espagnol, de façon à isoler de la partie septentrionale barbare, tout le pays qui a été le siége de l'antique colonisation phénicienne et carthaginoise, Tartessos, Gades,

Carthagène. N'est-il pas curieux de voir que la civilisation primitive ait ainsi occupé et recouvert cette bande horizontale étroite, avec une exactitude si parfaite qu'elle semble s'être fait scrupule de déborder dans un sens ou dans l'autre, et qu'en effet, sauf une légère bavure de 4 ou 5 degrés vers la Thébaïde égyptienne, elle n'a point débordé?

A la vérité, nous trouvons encore ici le Mexique et l'Indoustan qui font une place à deux beaux exemplaires d'une haute culture intellectuelle au sud du trentième parallèle. Mais cette anomalie apparente s'explique par les conditions particulières des pays qui les confinent immédiatement au nord. Ce sont les États-Unis dont le climat inconstant vous est connu ; c'est le Kaboul, où le froid est si intense qu'une armée anglaise faillit y geler en 1842. Il est naturel et conforme aux lois précédemment énoncées, que ces circonstances défavorables aient dû reporter de quelques degrés plus au sud le siége du premier développement social.

V

Une dernière circonstance, les caractères de la faune et de la flore de chaque pays, complète le cercle étendu des causes naturelles qui aident ou nuisent à la civilisation. Par exemple, l'absence de bêtes de somme et de labour pourra retarder pendant des siècles le progrès social, en consommant pour des œuvres inférieures et en vue de pauvres résultats, une grande partie des forces et du loisir de l'homme. C'est ce qui est arrivé au Mexique, où le dindon, agréable superflu, ne pouvait compenser à lui seul l'absence du bœuf, du cheval, de l'âne, du chameau, du mouton, de la chèvre. Par une raison du même ordre, l'Asie centrale, patrie du cheval, de l'hémione et du yack; l'Inde qui a quatre espèces de bœufs, et où toutes les familles de mammifères sont représentées, étaient naturellement plus propres à seconder le développement de la société hu-

maine, que le Brésil qui est surtout riche en
oiseaux, ou que les îles de la Sonde où les reptiles abondent. De plus on ne peut nier que les
pays où l'aliment par excellence, je veux dire les
céréales, se rencontre à l'état natif, n'aient
offert des conditions beaucoup plus propices
aux premières générations que ceux où elles
manquent. A ce titre, la station géographique
du seigle, de l'avoine, du froment, de l'orge,
tous originaires de l'Asie centrale, expliquent pour une grande part la priorité de
ce continent dans l'œuvre de la civilisation primitive.

J'indique seulement ici, Messieurs, une dernière conséquence à laquelle les faits précédents nous amènent, c'est que le progrès, ayant
son premier foyer dans l'Asie centrale, au pied
de cet infranchissable massif de montagnes qui
enferme à l'est et au nord le territoire chinois,
a dû tendre à se propager au sud et surtout à
l'ouest, sur cette large voie qui, par les plaines
de l'Asie, mène aux derniers confins de l'Europe. Cette loi curieuse est en effet confirmée
tant par l'histoire générale des migrations

aryennes que par les dates du développement social dans les trois presqu'îles européennes, la Grèce, l'Italie, l'Espagne.

VI

Maintenant, Messieurs, dans cette zone si nettement limitée et suivant cette direction marquée d'avance, les considérations qui précèdent nous découvrent les deux faits nécessaires qui ont aplani la voie au progrès. Ce sont la *conquête* et *l'esclavage*. Dans ce segment prédestiné de la sphère terrestre se retrouvent, en effet, à un moindre degré, les deux natures de sol et de climat dont nous avons indiqué les effets moraux et sociaux : ici, des contrées montagneuses, froides, stériles, un peuple affairé au milieu d'une nature pauvre; là, de grandes plaines chaudes et fertiles, des hommes amollis par la douceur du climat et la facilité de la vie. Ce simple énoncé suffit pour vous suggérer l'idée de la conjonction de circonstances la plus favorable au progrès de la société humaine : c'est celle où des peuplades énergiques, formées et trempées dans un climat rigoureux, sur une terre ingrate, envahissent une contrée plus favorisée. Là elles trouvent une abondance spontanément offerte, des ressources qu'elles ne paient ni de leur travail, ni de leur temps ; elles les développent rapidement avec l'industrie et l'énergie qu'elles ont acquises en luttant contre une nature plus rebelle ; le capital social est constitué, il donne la sécurité, le loisir ; en même temps, les vaincus devenus esclaves épargnent aux vainqueurs les travaux absorbants et de pure conservation ; ainsi se trouve dégagé au profit des œuvres sociales supérieures un surplus de force et d'activité, qu'épuisaient en entier dans le pays d'origine les soins de l'existence matérielle. Évidemment, Messieurs, partout où de telles circonstances se seront trouvées réunies, le progrès était infaillible ; or il suffit que l'esprit les conçoive, pour comprendre qu'elles constituent la forme générale de tous les développements primitifs, et en quelque sorte le procédé nécessaire de la civi-

lisation à sa naissance. On peut affirmer sans
hésitation, que pendant une longue période
aucun progrès marqué n'a dû s'accomplir
que par l'*invasion* et au moyen de *l'esclavage*.

L'histoire confirme ces déductions. Dans
l'Hindoustan, c'est un peuple conquérant venu
du Nord qui a été l'artisan de la civilisation
primitive ; en Babylonie, la classe dominante
et éclairée des Chaldéens avait, d'après une
théorie plausible de M. Renan, une origine
étrangère et septentrionale. C'est par les froides régions du Nord, que les pères de la civilisation grecque ont pénétré dans leur pays, et
selon l'opinion de Mommsen, les premières
races progressives de la Péninsule italique y
sont entrées par les Alpes. Au moins ses antiques conquérants, les Étrusques, avaient-ils
d'abord séjourné pendant longtemps au sein
des neiges rhétiennes. Enfin, à une époque plus
récente, l'admirable entrain de la société arabe,
succédant à des siècles de vie nomade et gros-
sière, au moment même où la race quitte ses
sables pour les belles plaines de la Syrie, de
l'Égypte et de la Perse, confirme avec une clarté

nouvelle, pour toute la période primitive, la fonction de la conquête et de l'esclavage au début de tout beau et durable développement.

VII

Nous avons épuisé en quelque sorte les lois qui règlent la première éclosion du progrès. Parvenus à ce point, comment ne pas dire un mot des conditions du même ordre qui assistent ou entravent la civilisation dans ses développements ultérieurs?

Nous avons laissé la tribu conquérante consommant, au profit des œuvres supérieures de la civilisation, l'excédant d'énergie et de loisir qu'elle doit aux leçons antérieures d'un climat plus rude et à la facilité de la vie sous un ciel plus doux. Vous saisissez d'un coup d'œil à quelle condition ce travail progressif pourra se poursuivre : il faut, avant tout, que les vainqueurs conservent leur vigueur d'esprit et de caractère, menacée par l'influence énervante

du climat et de l'oisiveté. Or, cette vigueur se
perdra nécessairement, si, à mesure que leurs
moyens de dompter les résistances naturelles
se perfectionnent, ils demeurent au sein d'une
nature déjà soumise, sans exercer et développer leur énergie par un travail d'une difficulté
proportionnée à leurs ressources accrues.

C'est ce qui est arrivé, par exemple, aux
Perses vainqueurs des Assyriens; ils sont devenus, avec le temps, semblables à la race
amollie qu'ils avaient remplacée. Ainsi se découvre cette loi : que la civilisation, une fois
sortie de la période de formation, n'échappe à
la langueur qu'en se déplaçant, et que, pour
continuer ses progrès, il faut qu'elle aille sans
cesse à la rencontre d'une nature plus rebelle.
De là, une tendance qui la pousse du Midi vers
les terres ingrates du Nord, et qui, combinée avec
l'autre courant que nous avons signalé d'Est en
Ouest, produit la direction diagonale que le
progrès a réellement suivie à travers des régions d'une pauvreté croissante, depuis les
Indes où la nature elle-même soutenait mater-
nellement ses premiers pas, jusqu'aux îles Bri-

tanniques, où tout semble le produit de la volonté, l'œuvre de l'art, le prix du combat.

Le progrès est soumis à une autre condition, dans sa période ultérieure. Si le mouvement, si l'échange et le mélange des idées font défaut, la civilisation s'arrête, l'esprit humain reste stationnaire; l'absence des termes de comparaison lui ôte le tremplin d'où il s'élance vers les idées nouvelles; les préjugés, les passions subsistent indéfiniment et le bon sens, ce lent dépôt que laisse après elle la diversité des points de vue où l'esprit s'est placé, ne peut se former au sein de cette société et de ce monde immobiles. C'est ce qui s'est vu en Égypte par exemple; ce pays, clos à l'Est et à l'Ouest par des rochers ou des sables, au Nord, par le difficile abord du Nil déjà signalé par Homère, a produit en quelque sorte de sa substance toute une brillante civilisation, digne d'un climat et d'un sol si singulièrement favorables. Mais, après cette belle floraison, nul courant du dehors n'a renouvelé sa séve intérieure; ses forces se sont épuisées, un pesant esprit de conservation superstitieuse et d'imitation froide s'est

20

étendu sur ce peuple, et le soin du progrès est passé à d'autres races plus mobiles et plus sociables.

Cette nécessité du mouvement que nous venons de vérifier par l'exemple particulier de l'Égypte, éclaire d'une vive lumière un fait bien autrement étendu et important : c'est par elle que s'explique la supériorité de l'Europe sur l'Asie, dans la seconde période de la civilisation.

Il suffit en effet d'étudier la configuration géographique de ces continents, pour comprendre que le premier est bien mieux fait que l'autre pour opérer un actif mélange des idées et des hommes.

Au premier coup d'œil jeté sur ces deux grandes surfaces, vous voyez que leur structure générale est la même ; au nord, l'énorme massif de l'Allemagne et de la Russie répond à la Tartarie et à la Chine ; la France, avec son admirable découpure de côtes et les îles Britanniques en avant d'elle, tout cela tourné vers le nouveau monde, ressemble à l'Asie Mineure précédée de ses Cyclades, dernière station du progrès dans le monde oriental. Enfin au sud des deux continents il y a trois presqu'îles : l'épais carré de l'Espagne répondant à celui de l'Arabie, l'Italie à l'Hindoustan, la Grèce à l'Indo-Chine. Il y a donc symétrie, similitude de coupe; mais, après cela, que de différences! Que ces lourdes attaches de l'Hindoustan, qui séparent invinciblement ses deux golfes, rendent peu l'effet de cette Italie si fine, si déliée, réunissant plutôt qu'elle ne disjoint ses deux mers! Et cette presqu'île allongée, filandreuse, et comme rapiécée de l'Indo-Chine, comme elle représente mal la Grèce! Voyez celle-ci avec son petit corps compact, tout fait d'os et de nerfs, ses arêtes lancées dans tous les sens, ses golfes innombrables ouverts à la mer, c'est-à-dire aux pirates, aux voyageurs, aux marchands, c'est-à-dire encore au mouvement, à l'échange des idées, aux impressions multiples d'où sort le progrès. Quelle explosion de joie, de lumière et de vie! « Comme cette petite Grèce scintille sur la carte![1] » Comme elle éclaire toute cette côte

---

1. (Mot de M. Michelet).

méditerranéenne groupée et comme attentive autour d'elle !

Et ce dernier mot nous amène à une différence plus décisive encore : les trois presqu'îles asiatiques plongent dans le vague indéfini de la mer des Indes; elles n'ont rien devant elles, sinon le long et monotone voyage jusqu'au pôle. Les presqu'îles européennes au contraire font face à cette belle côte salubre, fertile, habitée du massif africain, qui leur fait écho, qui repercute leurs voix. Elles apparaissent ainsi comme fermées sur elles-mêmes, emprisonnées dans leur golfe et forcées de tourner sans cesse dans cet étroit espace, s'entrecroisant, se heurtant, mélangeant les génies multiples que leur apportent les trois continents qui les enserrent. Tandis que l'Asie offre quelque chose de puissant, mais en même temps de lourd, d'engorgé, d'immobile, d'indéfini; la simple configuration de l'Europe nous fait voir en elle non-seulement l'image de la mobilité, mais un merveilleux organe de circulation et de vie, un admirable agent de combinaison, de réduction, de condensation. A ce titre on peut dire que

les destinées des deux génies et des deux civilisations asiatique et européenne étaient d'a-
vance écrites sur la carte, et, en effet, l'histoire
de l'esprit confirme et vérifie ce que la géographie vient de nous prédire.

C'est cette histoire, Messieurs, que nous pren-
drons hardiment pour matière dans les leçons
qui vont suivre. Dans les grands aspects qui
suggèrent à l'homme ses premières conceptions
du monde et de la vie; dans la langue, gar-
dienne des premières et décisives divisions de
sa pensée; dans la grammaire, qui note pour
ainsi dire le pas et l'allure de son intelligence;
dans la littérature, la morale, la religion, où
se reflètent ses passions dominantes et où s'é-
panouit son plus haut idéal, dans la politique
dans la hiérarchie sociale, dans la vie mon-
daine, où donc encore?... Nous irons partout
chercher et saisir à leur origine les traits com-
muns, qui forment la physionomie générale et
comme le *type* d'une race ou d'un siècle. Plus
tard, quand l'architecture comparée vous mettra
en présence des monuments eux-mêmes, fils
aussi de ces grandes forces morales que vous

aurez étudiées dans leurs autres œuvres, vous
aimerez à reconnaître et à distinguer ces mêmes
types, et vous observerez avec intérêt l'air de
famille qui rapproche le génie limpide d'un
Homère, de la claire architecture du temple
grec. Plus d'une fois, l'essor de ces considérations générales nous entraînera en apparence
bien loin de votre art spécial et pratique; au
fond, ce sera pour nous en rapprocher dans un
ordre de rapports plus élevé. Quatre siècles
avant notre ère, un de vos confrères, Pitthæus,
disait déjà que l'architecte devrait exceller dans
tous les arts et dans toutes les sciences; et, il y
a un an, je me rappelle avoir lu cette phrase
dans un petit cahier rouge où Delacroix laissait
tomber ses pensées entre deux esquisses : « On
n'est un grand artiste qu'à la condition d'être
universel. » Le programme nécessairement
limité et positif d'un enseignement classique
ne saurait se conformer à la lettre à ces nobles
axiomes; mais il doit en prendre l'esprit en vous
ouvrant au moins quelques points de vue généraux par-dessus vos études spéciales; il doit
surtout le faire pénétrer dans l'artiste qui, lui,

est libre, en étendant sa curiosité par delà l'horizon ordinaire de son art, en lui inspirant les vastes désirs et les longues pensées qui le ramènent par le grand tour aux œuvres condensées et fécondes, et sans lesquelles il ne se fait rien que de médiocre et de servile. Je croirai mon but atteint si cet humble enseignement, composé d'échappées rapides sur l'histoire des sociétés humaines, vous laisse le goût des vues générales et l'ambition de pénétrer plus avant dans ce que, à regret, il ne peut qu'effleurer.

DOCUMENTS

I

PERSONNEL DE L'ÉCOLE

CONSEIL

MM. DUPONT (de l'Eure), ✳, président.
Émile MULLER, ✳.
Émile TRÉLAT, ✳.

M. Émile **TRÉLAT**, ✳, architecte, professeur au
Conservatoire impérial des arts et métiers, Directeur de l'École.

M. Charles **GOSCHLER**, Directeur des études.

EXAMINATEURS POUR L'ADMISSION A PARIS

M. **DUPONT** (de l'Eure), ✳, ancien élève de l'École polytechnique, ex-officier du génie.

M. **LECOQ DE BOISBAUDRAN**, ✳, Professeur à l'École impériale de dessin.

M. **Pierre CHABAT**, Architecte.

PROFESSEURS

Chefs d'atelier.

MM. SIMONET, ✳, architecte à la ville de Paris.

THIERRY-LADRANGE, architecte.

N.

Pierre CHABAT, adjoint aux chefs d'atelier.

Dessin.

LECOQ de BOISBAUDRAN, ✳, professeur à l'École impériale de dessin.

J.-Ch. CAZIN, adjoint au Professeur de dessin.

Ch. CUISIN, adjoint au Professeur de dessin.

PROFESSEURS EN CHAIRES

Stéréotomie.

DUPONT (de l'Eure), ✳, Ancien élève de l'École polytechnique, ex-officier du génie.

Physique générale.

MM. JANSSEN, docteur ès sciences.

Chimie générale.

P.-P. DEHÉRAIN, ✠, docteur ès sciences, professeur au collége Chaptal.

Stabilité des constructions.

DE DION, ✳, ingénieur civil.

Géologie.

L. SIMONIN, ✠, ingénieur civil des Mines.

Hygiène.

Dr ULYSSE TRÉLAT, professeur agrégé à la Faculté de médecine, chirurgien en chef de la Maternité.

Histoire naturelle.

H. BOCQUILLON, Dr ès sciences, professeur au Lycée Napoléon.

Histoire des civilisations.

ÉMILE BOUTMY, docteur ès lettres, homme de lettres.

Perspective et ombres.

REBOUT, architecte, professeur à l'École impériale de dessin de Paris.

Physique appliquée aux constructions.

MM. ÉMILE MULLER, ✳, professeur à l'École impériale centrale des Arts et Manufactures.

Chimie appliquée aux constructions.

P.-P. DEHĔRAIN, ✠, docteur ès sciences, professeur au collége Chaptal.

Machinerie des constructions.

DE MASTAING, Professeur à l'École impériale centrale des Arts et Manufactures.

Théorie de l'architecture.

ÉMILE TRÉLAT, ✳, architecte, professeur au Conservatoire impérial des Arts et Métiers.

Histoire comparée de l'architecture.

CHARLES BLANC, ancien directeur des Beaux-Arts.

Construction.

Théodore LACHÈZ, architecte.

Comptabilité des constructions.

DELBROUCK, architecte.

Législation appliquée aux constructions.

VICTOR BOIS, ✳, membre du Conseil de la Société d'encouragement pour l'Industrie nationale.

Économie politique.

MM. BLAISE (des Vosges), ✳ ✳ ✪, de la Société des Économistes.

RÉPÉTITEURS DES COURS

Stéréotomie.

DENISE, architecte.

Physique générale.

L. GOSTYNSKI, professeur à l'École Sainte-Barbe.

Chimie générale.

LANDRIN, chimiste.

Stabilité des constructions.

FOUCAUT, ancien élève de l'École polytechnique, ex-capitaine
du génie.

Géologie.

Louis LARTET.

Perspective et ombres.

LUBIN, architecte.

Hygiène.

MUSSAT.

Histoire naturelle.

MM. MUSSAT.

Physique appliquée aux constructions.

DEMIMUID, architecte.

Chimie appliquée aux constructions.

LANDRIN, chimiste.

Machinerie des constructions.

N...

Théorie de l'architecture.

De BAUDOT, architecte.

Histoire comparée de l'architecture.

N...

Construction.

CHAPRON, architecte.

Législation appliquée aux constructions.

Louis HEUZÉ, architecte.

PRÉPARATEURS DES COURS

Physique.

MM. Ed. ANTELME.

Chimie.

BRESSON, chimiste.

BIBLIOTHÉCAIRE-CONSERVATEUR DU PORTEFEUILLE ET DES COLLECTIONS

M. Pierre CHABAT, architecte.

PERSONNEL D'ADMINISTRATION

M. STAHL, secrétaire comptable.

MÉDECIN ET CHIRURGIEN DE L'ÉCOLE

M. le Dr **AXENFELD**, professeur agrégé à la Faculté de médecine, médecin de l'hôpital Saint-Antoine.

M. le Dr **Ulysse TRÉLAT**, professeur agrégé à la Faculté de médecine, chirurgien en chef de la Maternité.

II

L'atelier et la salle de dessin sont l'occupation fondamen-
tale de l'élève. Des exercices journaliers et des concours mensuels
ou trimestriels y excitent son émulation en même temps qu'ils lui
donnent incessamment la mesure de sa force relative.

A l'atelier, l'élève dessine des modèles d'architecture et compose
sur des programmes. Voici, pour donner une idée de ce dernier
exercice, qui tient la plus grande place dans l'atelier, les différents
textes qui ont successivement servi de thèmes aux compositions de
concours pendant la première année d'études 1865-1866. Ce sont
des sujets présentés dans un ordre et avec des développements
conçus et mesurés sur la force des jeunes intelligences prises au
début de leur engagement dans l'étude de l'art.

UNE FONTAINE LAVABO

A la borne et au robinet d'eau, qui se trouvent au milieu d'une plate-bande ombragée de tilleuls dans la cour
de l'école, substituer un lavabo, où pourraient s'assembler six à huit personnes en même temps.

Ce lavabo serait composé d'une bouche d'eau fixée sur un support et d'une vasque servant de cuvette.

On fera le plan et la coupe à l'échelle de 0 m. 05 c. pour mètre.

UN INDICATEUR DE ROUTE

Au milieu d'une forêt, deux routes B et C s'ouvrent au voyageur, qui vient de parcourir le chemin A. Il s'agit de placer à la bifurcation des deux routes B et C, un petit édicule indicateur pour renseigner les voyageurs sur les deux directions qu'ils peuvent prendre. Un banc de repos pourra être ménagé au pied de l'édifice.

Il faut comprendre que cette construction est nécessairement très-simple dans ses moyens, et que tout l'art doit y consister à mettre bien en scène, et à faire valoir les indications précieuses que l'architecte devra offrir à la vue du voyageur. C'est là l'idée directrice de la composition. Par là, on verra d'abord la nécessité de placer les indications à une hauteur très-facilement accessible à l'œil.

Mais, à côté de cette idée qui devra saillir dans l'œuvre, rien n'empêche que des idées accessoires bien ménagées viennent appuyer la principale, si les auteurs le jugent utile. C'est là une affaire de mesure.

Le sous-sol de la localité est composé de grès, qu'on trouve partout dans la forêt. C'est donc cette matière qui sera employée. On sait que le grès est une pierre assez dure, et qu'on ne peut longuement travailler sans des dépenses assez grosses. C'est encore une considération qui limitera les moyens d'expression à rechercher.

Cette étude sera faite à l'échelle de 0 m. 05 c. pour 1 mètre.

UNE CHEMINÉE DANS UN APPARTEMENT

L'appareil de chauffage, qu'on appelle cheminée, comprend différentes parties essentielles, qu'il est nécessaire de connaître pour pouvoir composer l'agencement architectural, dont il est ici question.

L'un des dispositifs les plus judicieux et les plus efficaces est le suivant.

F est le foyer qu'on engage dans la construction du mur auquel doit être adossé l'appareil de chauffage. C'est un coffre *métallique* ouvert sur toute la face regardant la pièce à chauffer. G est une gaîne verticale, dite *gaîne de fumée*. Elle débouche sur les toits, pour y dégager la fumée résultant de la combustion des matériaux de chauffage. Le foyer F est, à cet effet, mis en communication avec la gaîne G par le conduit métallique *g*. A est une gaîne verticale, dite *gaîne d'air neuf*. Elle prend naissance à la partie basse de la construction, et s'y ouvre à l'air libre. Elle est mise par le conduit *a* en communication avec un coffre vide, qui entoure les pa-

rois métalliques du foyer, et qui s'élève entre les gaînes **A**
et **G** jusqu'à la hauteur du plafond. L'air neuf venu par
la gaîne **A** se chauffe autour des parois du foyer et de
celles du conduit *g*, plus ou moins développées. Il vient
déboucher à la partie haute de la pièce à chauffer par
l'orifice **M**.

Quand le combustible brûle dans le foyer, la pièce
se trouve ainsi chauffée de trois manières :

1º L'air neuf, venu de l'extérieur, entre chaud dans
la pièce, où il se répand par l'appel qu'y fait le tirage du
foyer. Il y a donc incessamment entrée de cet air chaud
par la bouche **M**, et débit au foyer du même air, après
qu'il s'est répandu dans l'appartement.

2º Les parties incandescentes du combustible projet-
tent la chaleur rayonnante au voisinage de l'appareil.
Pour que ce rayonnement soit aussi efficace que possible, on place autour du foyer des plans inclinés en
matériaux lisses, tels que des faïences.

3º La masse de matière, qui compose l'appareil entier
de la cheminée, emprunte elle-même au foyer et répand
dans l'appartement une quantité de chaleur, qui s'y
distribue très-efficacement sous forme de rayons obscurs, et qui est d'autant plus considérable, que cette
masse est plus grande.

Tous ces éléments étant connus, et leurs conditions
respectives indiquées, voici les mesures sur lesquelles
se basera l'étude :

La pièce à chauffer a 4 mètres de hauteur.

L'ouverture du foyer a 0 m. 60 c. sur 0 m. 60 c.

Les gaînes et tout l'agencement intérieur de l'appareil

de chauffage font une saillie nécessaire de 0 m. 15 c.
sur toute la hauteur de la pièce et sur une largeur de
1 m. 50 c.

La bouche d'air neuf est placée à 0 m. 25 c. en contre-
bas du plafond, et elle a 0 m. 35 c. de large sur 0 m.
10 c. de haut.

Il s'agit de développer le thème architectural suivant :

On veut un agencement qui rende le voisinage du
foyer commode et agréable à habiter. Pour cela il faut
ménager au-dessus du foyer, et à une hauteur convenable, une tablette sur laquelle on dépose les objets
qu'on aime à avoir près de soi au milieu des causeries
de l'intimité. Ordinairement on supporte cette tablette
sur un de ces chambranles en marbre, que le commerce
prépare d'avance et qui sont connus de tout le monde.
On traitera librement la question sans exclure ces formes
ou cette matière, ni sans se lier à elles. On cherchera
avant tout à accuser comme il convient cet objet (la
tablette) qui est, après le foyer, le point dominant de la
composition. On devra faire en sorte de donner aux
matériaux qu'on emploiera des formes tellement étudiées, qu'on y sente la préoccupation première de l'architecte, qui, dans ce cas, est de rendre la cheminée
engageante, hospitalière. Tout ce qui rappellerait les
rudesses de la matière, ressortant dans des arêtes ou des
sommets aigus, y serait déplacé. Tout ce qui, au contraire, garderait l'empreinte évidente d'un apprêt spécialement ménagé pour faciliter l'approche, l'attouche-
ment agréable de la cheminée, concourra au caractère

juste de cette composition. Les matériaux employés seront, à la volonté des auteurs, le marbre, la pierre ou le bois.

Cette étude sera faite à l'échelle de 0 m. 05 c. par 1 m. Un petit plan d'ensemble de la pièce à 0 m. 005 m. par mètre y sera joint.

UNE PORTE D'ENTRÉE DANS L'ENCEINTE
D'UNE PROPRIÉTÉ CLOSE DE MURS

Au moyen âge, le sol de la France et de l'Angleterre était couvert d'habitations, qui prenaient le nom de *manoirs*. Le manoir était une maison des champs habitée par les seigneurs qui n'avaient pas le droit d'avoir un château féodal, et qui, pourtant, pouvaient avoir une habitation fermée. Les maîtres des châteaux avaient aussi des manoirs, qu'ils fréquentaient comme maisons de plaisance ou rendez-vous de chasse.

Le manoir était une habitation plus ou moins complète, pourvue ou non pourvue de bâtiments d'exploitation, entourée de murs solides, et quelquefois munie de fossés. Ces sortes d'habitations existent encore en Angleterre, où elles ont été ingénieusement appropriées aux mœurs modernes.

Sur la porte du manoir des comtes Cowper, on lisait jadis une laconique devise : « *Tuum est* » (Il est tien, ce logis est le tien). Cette généreuse pensée, que le voyageur rencontrait en mettant sa main fatiguée sur le heurtoir de la porte, était comme l'introduction déjà reposante de l'hospitalité offerte par les maîtres du logis. Elle est à tous égards digne d'un agencement architectural, répondant à la délicatesse du sentiment qui l'a dictée, et l'exposant aux yeux avec la discrète mesure qu'elle comporte.

On suppose qu'un des descendants des Cowper désire conserver la vieille tenue de ses ancêtres vis-à-vis du public, et rappeler l'hospitalité traditionnelle de sa famille, au seuil même de son habitation. Il s'agit de disposer l'entrée de la propriété en conséquence. Cette entrée s'ouvre dans le mur de l'enceinte à côté de l'habitation, selon le croquis suivant; elle comprend :

1° Une porte charretière.

2° Une poterne pour les piétons.

Le *Tuum est* devra prendre place dans la composition. On donnera :

1° Un plan de l'entrée avec arrachement dans le mur à 0 m. 02 c. pour 1 mètre.

2° Une élévation à 0 m. 025 m. pour 1 mètre.

3° Une coupe à la même échelle.

UNE TERRASSE AU BORD D'UN LAC

Une propriété de plaisance est établie sur les bords du plus beau des lacs d'Italie, en face du splendide panorama que la lumière renouvelle sans cesse dans l'échelonnement des montagnes de la rive opposée. Au nord, l'habitation A jouit de tous les agréments d'un sol aménagé pour les plaisirs et les repos des champs. Au sud, la vue s'ouvre sur le spectacle qui vient d'être indiqué. Tout a été prévu dans le logis pour que ce spectacle y pénètre.

Il s'agit de compléter ces heureuses dispositions par la construction d'une *Terrasse*, où l'on puisse venir stationner dans le voisinage plus intime des eaux bleues, et d'où l'on accède facilement à celles-ci, soit par des rampes, soit par un ou plusieurs escaliers. L'arrangement désiré doit, en conséquence, assurer le service très-facile des embarcations.

Les données matérielles du programme sont les suivantes :

1º Le sol de la terrasse est à 4 m. 00 c. au-dessus des hautes eaux et à 5 m. 50 c. au-dessus des basses eaux du lac.

2º La terrasse aura 50 m. de longueur.

3º Le mur de soutènement nécessaire pour contenir les terres (graviers), aura 1 m. 90 c. d'épaisseur à la base, 0 m. 60 c. en crête. — Il sera construit à double *fruit* extérieur, ainsi qu'il est indiqué au croquis, pour rompre l'action destructive du flot. — Il sera pourvu de *barbacanes* au-dessus du niveau des hautes eaux, afin d'assécher autant que possible l'intérieur de la construction.

Les matériaux disponibles sont le granite gris et des moellons calcaires d'un ton grisâtre très-soutenu. •

On fera :

1º Un plan à 0 m. 005; 2º une élévation à 0 m. 01;

3° une coupe à 0 m. 02; 4° Des détails d'appareils ou autres, et une vue d'ensemble à des échelles facultatives.

UN ABRI BANAL SUR UNE ROUTE

Il existe, dans le nord de l'Europe, des contrées où la population peu dense, forme de petits groupes assez éloignés les uns des autres, et où les routes, mal pourvues de services publics, s'étendent sur de longs espaces arides. Le voyage en ces pays est rude. En l'absence de tout repos possible, la lenteur de la marche est la condition ordinaire des piétons, des cavaliers et des rares véhicules qui parcourent les chemins.

Le nord de l'Écosse est dans ces conditions.

Quand les pêcheurs d'Ullapool traversent ce pays, du nord-ouest au sud-est, pour rejoindre le marché de Dingwall, la journée est pénible. Au milieu de la nature sauvage et accidentée qui emprunte son caractère à des vents âpres et à des brumes épaisses, aussi bien qu'à la constitution géologique de la contrée, le voyageur ne rencontre qu'une suite de mamelons couverts de bruyères, séparés par de petits lacs aux eaux jaunâtres. Quelques rares arbres y paraissent dans les points abrités. Le géologue constate l'affleurement général des terrains primaires, qui montrent leurs gneiss, leurs micaschistes, leurs trappes et quelques granites.

Lord C..., propriétaire du pays et homme de bien, a

songé à adoucir la peine de ces populations travailleuses.
et méritantes, en construisant un abri ouvert et banal
vers le milieu de la longue route qui sépare le port du
marché. Le lieu choisi pour cet établissement est figuré
dans le croquis ci-joint au point A de la route resserrée
entre le coteau et un petit lac. On reconnaîtra, par les
courbes de nivellement qui sont figurées au croquis, que
ce point de la route est humide lorsque les eaux sont
hautes et qu'il conviendra de relever l'installation de
manière à assurer la salubrité.

L'architecte doit établir un abri très-accessible à tout
le monde, et sous lequel on puisse attacher au repos
huit chevaux.

Une source voisine du lieu choisi permet d'alimenter
l'abreuvoir, qu'il faudra disposer commodément pour
les animaux.

Un ou plusieurs bancs avec table devront en outre
être ménagés pour le repos simultané d'une dizaine de
voyageurs.

Toute cette installation devra être faite avec les matériaux du pays et de façon à ne nécessiter aucun
entretien. C'est-à-dire que la pierre seule devra être
employée (gneiss, micaschistes, trappes, granites).

Lord C... désire que l'architecte trouve dans sa composition la place convenable à cette inscription :

*Cet abri est ouvert à tous les voyageurs qui traversent le
comté de C...*

Le plan de la construction sera fait à 0 m. 01 pour
mètre ; l'élévation à 0 m. 02 pour mètre. On donnera
tous les détails d'exécution, de façon que les travaux

puissent se faire avec l'aide seule des plans, à l'échelle de 0 m. 05 pour 1 mètre.

Un ensemble représentera l'édifice projeté se détachant sur le relief exactement imagé du sol.

UN PUITS

Ce puits est destiné à l'alimentation de tous les services d'un grand établissement d'enseignement agricole.

Il sera couvert pour abriter l'appareil servant à monter l'eau.

On ménagera aux abords une auge pour abreuver le bétail.

L'édifice empruntera à l'utilité même de sa destination le caractère de simplicité qui peut seul convenir en cette circonstance.

Le puits aura 2 mètres de diamètre intérieur. La face supérieure de la margelle s'élèvera à 0 m. 80 au-dessus du sol, sur lequel sera placée la personne chargée du service du puits.

Les matériaux entrant dans cette construction seront le calcaire dur pour la margelle et ses abords, la pierre ou le bois pour l'abri du puits.

L'esquisse comprendra un plan, une coupe et une élévation, à l'échelle de 0 m. 05.

UNE BUVETTE AUPRÈS D'UNE STATION THERMALE

Le régime de la station thermale de C... comprend :

1° Des douches et des bains installés au centre même de la localité et dans le voisinage immédiat des hôtels et des maisons habitées par les baigneurs.

2° L'usage en boisson de l'eau d'une source située à 1,500 mètres de C... On va boire cette eau deux fois par jour.

C... est situé dans les Pyrénées, à 850 mètres au-dessus du niveau de la mer, et la source à 910 mètres.

Dans cette contrée, très-belle, mais inhospitalière en raison même de son altitude, la saison des eaux est courte et le temps souvent incertain. Il importe de ménager la plus grande facilité au traitement pour que les malades en utilisent toutes les parties avec régularité, malgré les obstacles de la nature. L'éloignement et l'altitude de la source ne doivent pas être un empêchement qui favorise la paresse ou la fatigue du malade, souvent ennuyé. L'agrément de la promenade a été servi par l'exécution d'une route très-pittoresquement installée aux flancs de la montagne, les facilités des transports assurés par un service régulier de voitures. Les piétons, les voitures, les chevaux, les ânes, animent constamment le chemin de la source. Mais il faut faire mieux : établir à la source même, non-seulement un couvert agréable pour la boisson, mais un abri pour le repos.

Voici les conditions du projet : La source débouche au flanc de la montagne en S, et, à son point d'émersion, on peut, à l'aide d'un mur de terrasse M, ménager une esplanade E de 100 mètres de long sur 40 mètres de large. C'est là qu'il faut arranger l'établissement en question.

On devra ménager devant la source une table sur laquelle on dépose les verres et les menus objets que les distributrices offrent à la fantaisie des buveurs. Auprès et aux environs de cette table, on voit se former les groupes de ceux qui attendent, de ceux qui se rencontrent après avoir bu un premier verre d'eau, et qui doivent en boire un second un quart d'heure plus tard. C'est là qu'il faut abriter d'abord une petite population d'une vingtaine de personnes avides des causeries oiseuses qui font passer le temps. Les unes stationnent en groupes, les autres se promènent. L'esplanade, qui est occupée de la même manière, doit être pourvue d'un ou de deux abris, sous lesquels seront établis des siéges et où pourront se reposer une quarantaine de personnes.

On fera : 1º Un plan d'ensemble à 0 m. 002 par 1 mètre;

2º Le plan des constructions à 0 m. 01 ;

3º Les coupes à 0 m. 02, ainsi que les élévations.

On indiquera tous les détails de la construction à l'échelle de 0 m. 05 c. Ils seront cotés.

UN TIR A LA CARABINE

L'exercice du tir développe l'adresse du corps, en même temps qu'il tourne l'esprit vers des succès qui donnent aux loisirs quelque chose de la passion attrayante du travail.

Les tirs sont très-répandus dans quelques contrées. Leur usage est général en Suisse; les communes y ont leurs tirs, et les tirs fédéraux et cantonaux sont des occasions solennelles, où d'immenses populations viennent jouter d'adresse au milieu d'installations qui contiennent jusqu'à trois cents cibles.

A l'exemple de ces établissements publics, plusieurs sociétés privées se sont formées en France pour développer le goût du tir. Une société de cette espèce s'est constituée à cet effet dans la ville de R... Elle est composée de soixante-dix sociétaires. Elle rétablit ainsi l'ancienne compagnie de carabiniers qui existait au siècle dernier dans la ville, et qui y a laissé ses titres et ses armoiries. Elle veut faire construire un tir toujours ouvert aux sociétaires. Elle entend, en outre, créer des prix qu'elle décernera à des concours, auxquels seront conviés les amateurs de tous les pays.

Il s'agit de projeter cet établissement.

Un tir de cette espèce doit contenir :

1° Une salle de tir qui prend le nom de *Stand*. C'est là que les tireurs se placent pour tirer, en plus ou moins grand nombre. Chaque tireur y doit avoir une place de

1 m. 50 à 1 m. 80 de largeur. Il doit avoir à sa disposition un banc d'appui A, où il puisse poser sa carabine avant de tirer. Ce banc d'appui doit être élevé à 90 centimètres environ du sol , et sa surface inclinée du dedans au dehors. Un abri B doit garantir le tireur du soleil et de la pluie battante. Il est en outre convenable d'isoler les tireurs dans des stalles.

2º En face des baies du tir ou stand, et à une distance déterminée, *les cibles*. Celles-ci sont composées ainsi qu'il suit :

La coupe ci-jointe montre en *d* le sol qui se relève de 0 m. 70 à 0 m. 80 ; en *b*, la place du marqueur et des commissaires, abrités par un petit appentis ; en *c*, la place des *cibles*, surveillées et mues par le marqueur. Chaque cible comprend deux plaques attachées aux extrémités d'une double chaîne ; la cible de service est promptement remplacée par la cible de rechange, à l'aide d'une simple traction sur les chaînes et le service de la marque très-facilement fait au bas de la fosse B.

Derrière les cibles, un mur épais formé de matériaux *amortisseurs* recueille les balles. — Derrière, la clôture.

3º Entre les cibles et le stand, des murs de garde percés de baies pour le passage des balles utiles, et pourvus de tons neutres pour ménager la vue des tireurs.

4º Une salle ou deux salles pour le chargement des armes. — Il faut, dans ces localités, des tables fixées au mur à 0 m. 90 c. de hauteur, d'une largeur de 0 m. 60, et portant une encoche au milieu pour reposer le canon de la carabine placée debout, crosse à terre, pendant le chargement. — Chaque place est séparée des places voisines par une petite division de quelques centimètres de hauteur pour isoler le fourniment de chaque tireur. — La salle de chargement doit être en communication avec le stand, par deux portes : porte d'entrée et porte de sortie. Aux grands tirs, ces deux issues sont indispensables pour la régularité du concours. A la première porte, le tireur fait contrôler le coup qu'il va tirer. Par l'autre porte seule, il repasse dans la salle de chargement pour se préparer à une autre épreuve.

5° Une salle de réunion, qui peut servir de salle de dépôt des armes des sociétaires. Elle doit avoir des râteliers aux murs.

6° Une salle des prix, où l'on expose pour les grands tirs les prix disputés. Cette salle doit être vaste et pouvoir servir de vestibule.

7° Un logement pour le marqueur qui remplit aussi l'office de gardien et de concierge de l'établissement.

8° Une cour d'entrée avec des abris autour, pour servir les jours de grand tir.

Le tir de la Société des carabiniers de R... devra comporter 4 cibles et 4 places dans le stand.

40 places sont ménagées dans la salle ou les salles de chargement.

Les cibles seront a 115 mètres des tireurs.

Le terrain disponible a la contenance et la forme indiquées ci-dessous :

On fera :

1° Un plan général à l'échelle de 0 m. 002 m. par mètre.

2º Les plans des constructions principales à 0 m. 05 par mètre.

3º Les élévations et les coupes qui indiqueront les principaux détails de la construction à 0 m. 01 par mètre.

4º Des détails spéciaux pour indiquer l'installation du tir, à 0 m. 05.

TABLE DES MATIÈRES

Imprimerie L. Toinon et Cᵉ, Saint-Germain.

LIBRAIRIE CENTRALE D'ARCHITECTURE

A. MOREL, *éditeur*, 13, *rue Bonaparte, à Paris*

MODÈLES DE DESSINS

DE

L'ÉCOLE CENTRALE D'ARCHITECTURE

PUBLIÉS

AVEC L'AUTORISATION DU CONSEIL DE L'ÉCOLE

IMPRIMERIE L. TOINON ET Cᵉ, A SAINT-GERMAIN

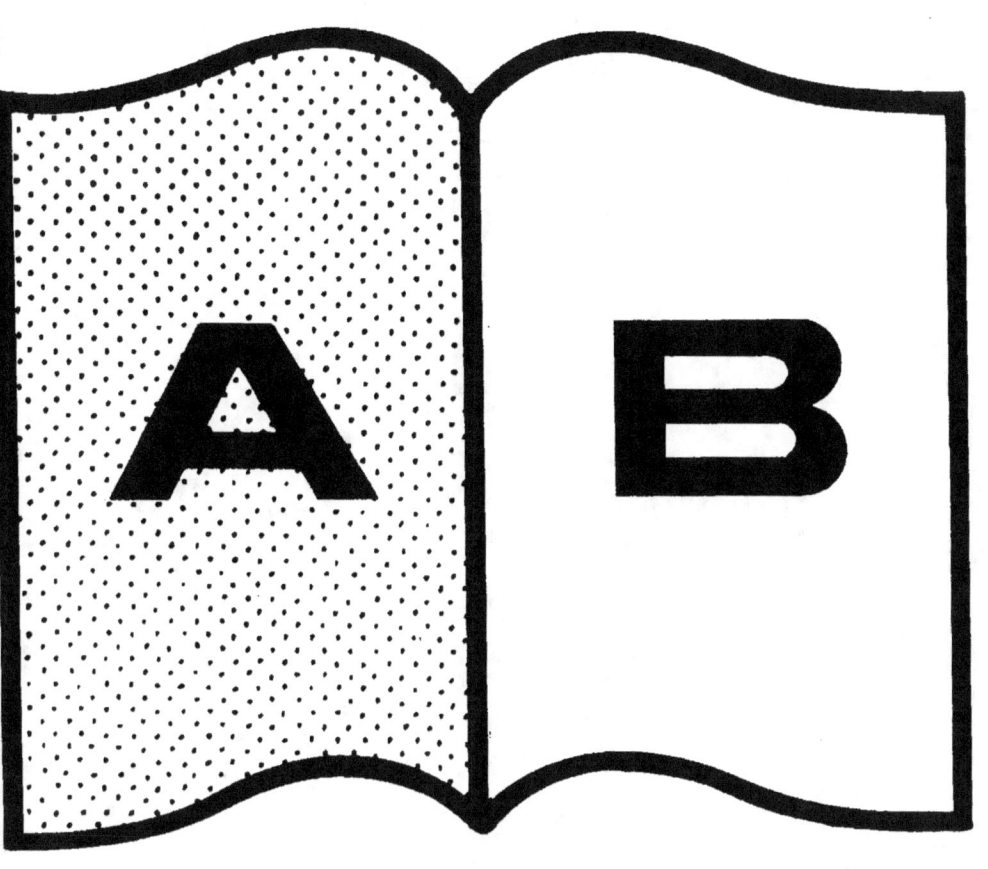

Contraste insuffisant

NF Z 43-120-14